中华经典百句

陈引驰 著

庄子百句

中华书局

图书在版编目（CIP）数据

庄子百句/陈引驰著. —北京:中华书局,2023. 11
（中华经典百句）
ISBN 978-7-101-16340-7

Ⅰ.庄…　Ⅱ.陈…　Ⅲ.《庄子》-研究　Ⅳ. B223. 55

中国国家版本馆 CIP 数据核字（2023）第 176445 号

书　　　名	庄子百句
著　　　者	陈引驰
丛 书 名	中华经典百句
责任编辑	吴艳红　张媛媛
封面书画	茆　帆
封面设计	毛　淳
责任印制	管　斌
出版发行	中华书局

　　　　　　（北京市丰台区太平桥西里 38 号　100073）

　　　　　　http://www. zhbc. com. cn

　　　　　　E-mail:zhbc@ zhbc. com. cn

印　　　刷	天津善印科技有限公司
版　　　次	2023 年 11 月第 1 版
	2023 年 11 月第 1 次印刷
规　　　格	开本/880×1230 毫米　1/32
	印张 8¼　插页 3　字数 150 千字
印　　　数	1-6000 册
国际书号	ISBN 978-7-101-16340-7
定　　　价	49. 00 元

　　陈引驰，复旦大学中文系教授、博士生导师，复旦大学中华文明国际研究中心主任。研究领域为中国古典文学与文学理论、道家思想与文学、中古佛教文学、海外汉学等。著有《〈庄子〉通识》《庄子讲义》《庄学文艺观研究》《文学传统与中古道家佛教》《中古文学与佛教》《乱世的心智：魏晋玄学与清谈》《彼岸与此境》等；主编"中华经典通识"等；合译有《中国"中世纪"的终结：中唐文学文化论集》《唐代变文：佛教对中国白话小说及戏曲产生的贡献之研究》《曹寅与康熙：一个皇帝宠臣的生涯揭秘》等。

目　录

引言 庄子能和鱼说话吗？

　　人们往往有一个偏好，读了一部书，还很喜欢了解写这部书的人。按照钱锺书先生的说法，就是吃了鸡蛋，还要认识那只下蛋的鸡——那是有一次他在电话里对因为读了他的文字而更生拜见之想的人说的话。

　　这样的情形，多少年来在读《庄子》的人那里也时时发生着。他们总是说庄子如何如何，如见其人，如闻其声。

　　作为一个生活在战国时代的历史人物，庄子的真实形象其实很是模糊。古代第一篇庄子传记，出自其身后近两百年的汉代大史家司马迁。《史记》中的这篇传，实实在在涉及庄子生平的材料只有推辞楚王请他去做官这一桩事，而这一事情的原委，《庄子》的《列御寇》和《秋水》两篇都有记述。（参看本书《苟全性命于乱世》篇）

　　司马迁没有提供更多庄子的生平故事，如今人们乐道的种种，都是《庄子》这本书告诉我们的。但是《庄子》里面的庄子事迹，就是实录吗？至少不是全部。如果完全信以为实的话，请读这么一个故事：庄子有一次在道上走，听到有呼叫的声音，回头一看，车辙中有一条鲫鱼，庄子便问是怎么回事儿，鲫鱼于是请求庄子弄些水来救命。庄子说：好吧，我正要到南方去，那儿水多，我引来救你吧。鲫鱼生气了：我只要一点儿水就能活了，你竟这么说，那还不如就到卖枯鱼的市场来找我吧！（《庄子·外物》：庄周家贫，故往贷粟于监河侯。监河侯曰："诺。我将得邑金，将贷子三百金，可乎？"庄周忿然作色曰："周昨来，有中道而呼者。周顾视车辙中，有鲋鱼焉。周问之曰：'鲋鱼来！子何为者邪？'对曰：'我，东海之波臣也。君岂有斗升之水而活我哉？'周曰：'诺。我且南游吴越之王，激西江之水而迎子，可乎？'鲋鱼忿然作色曰：'吾失我常与，我无所处。吾得斗升之水然活耳，君乃言此，曾不如早索我于枯鱼之肆！'"）

庄子真能和鱼说话吗？大约可以这么说，玩味《庄子》所记载的数十则庄子生活的片断，虽然或许其中有庄子本人生活的影子，但更是所谓的"寓言"。

《庄子》，以文字构造了一个生动的"庄子"形象。这是一项文学的创造。

既然这样，我们关注的重心，显然应该在《庄子》这部书而不在"庄子"这个人，因为即使想更多了解庄子的生活，你能知道的也不会更多了。思想家的传记就是他思想的历程，文学家的生活就在他的文字中。

所以，来读《庄子》吧。

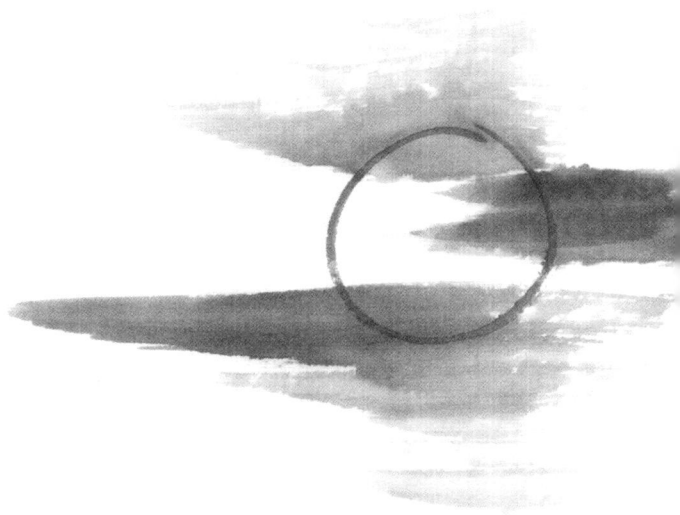

比天空更广阔的是人的心灵

北冥有鱼，其名为鲲。鲲之大，不知其几千里也。化而为鸟，其名为鹏。鹏之背，不知其几千里也。怒而飞，其翼若垂天之云。是鸟也，海运则将徙于南冥。南冥者，天池也。《齐谐》者，志怪者也。《谐》之言曰："鹏之徙于南冥也，水击三千里，抟扶摇而上者九万里，去以六月息者也。"

（《逍遥游》）

注释：

抟（tuán）：环绕。一作"搏"，拍打。

息：作"风"解。

今天我们祝福别人前程远大,常常用"鲲鹏展翅"或者"鹏程万里"这样的词语。它们的来历就在《庄子》这部书,在开篇的《逍遥游》的最开始,只要你展卷,便即刻映入眼帘。"北冥有鱼"这节文字令许多人醉心,大概是因为其展现的宏大境界:你想,数千里之大的鲲鹏,一飞冲天九万里,鲲鹏的天地得有多辽阔!

不过,从现实的立场来说,不可能有数千里之大的动物,无论是鱼还是鸟;也不可能高升到九万里的高空,那里已然超乎大气层之外,鲲鹏将艰于呼吸视听。那么这个开篇意义如何呢?

既然这不是现实的情形,那应该说主要是一个精神境界的形容。你感觉到随着鲲鹏的高升,自己超脱出了平常的世界,跳出日常的格局。这是空间维度上的极大拓展。

那么这是真实的吗?雨果的话或许可以作为一种回应:"比大陆广阔的是大海,比大海广阔的是天空,而比天空更广阔的是人的心灵。"心的世界是至大的,只是一般人们忘却了去展开它而已。

当你超然上升到一个更高的境界,原来的一切本身并没有改变,而它的意义就不同了。《庄子》记有一位戴晋人说的寓言:在小小的蜗牛的左角上有一个国家,右角上也有一个国家,两国之间不断争战,死者成千上万。(《则阳》:"有国于蜗之左角者,曰触氏;有国于蜗之右角者,曰蛮氏。时相与争地而战,伏尸数万,逐北旬有五日而后反。")在蜗牛角上的这两个国家看来,所争者自然非常要紧,不惜付出惨重的生命代价;然而在我们看来,这样的厮杀实在可笑得很。为什么有如此差异?因为我们站在一个更高的立场上观照。同样的道理,如果站在鲲鹏高飞所在的宇宙立场回顾有限格局中人类的种种作为,不是一样很可笑吗?

这不是退一步海阔天空,而是"欲穷千里目,更上一层楼"之后的心胸豁然开朗。

译文：

　　北海有一条鱼，名字叫"鲲"。鲲非常大，不知有数千里。鲲变化为鸟，名字叫"鹏"。鹏的背，也不知有数千里。鹏奋起腾飞的时候，它的翅膀就像天边的云。鲲鹏，海水波动的时候就要迁移到南海去了。南海，是一大天池。有一部名为《齐谐》的志怪典籍，其中记载："鹏迁移到南海，击水三千里，而后盘旋上升九万里，乘着六月的大风飞去。"

自由与有待

> 水之积也不厚,则其负大舟也无力。覆杯水于坳堂之上,则芥为之舟。置杯焉则胶,水浅而舟大也。

(《逍遥游》)

注释:

负:承载。

坳(ào)堂:堂上凹陷的地方。

胶:黏着在地上。

译文:

如果水积聚得不够深厚,就没有能力承浮起大船。把一杯水倒在堂上的小坑里,放一根小草就可以当作船,但如果放上一个杯子,就要黏着在地上了,这是因为水太浅而船太大的缘故啊。

一次，贾宝玉"正拿着《秋水》一篇在那里细玩。宝钗从里间走出，见他看的得意忘言，便走过来一看，见是这个，心里着实烦闷。细想他只顾把这些出世离群的话当作一件正经事，终究不妥。看他这种光景，料劝不过来，便坐在宝玉旁边，怔怔的坐着"，接着便有了一番议论，大致是表示不满，主张走世间正途。(《红楼梦》一百十八回)不过薛美人也曾有诗曰："好风频借力，送我上青云。"(《红楼梦》七十回)且不管诗句后面的意味，字面的意思其实与这里《逍遥游》的两句话是一样的。

蓄积深厚才能有腾飞的时候，鲲鹏展翅便是上升"九万里，则风斯在下矣，而后乃今培风"。人生的成就，多是经历许多努力乃至磨难之后才获得的；即使有偶然得之的幸运，比如路上踢到金块，至少你也得走出门去才成。

世间事，得失喜乐总携手而来。鹏程万里，固然人们常常以之为自由的象征；其实，要凭风而起，不也是一种限制或曰不自由？《齐谐》里面说到鹏"抟扶摇而上者九万里，去以六月息者也"，"息"乃"气息"之"息"，就是"风"：鹏的升腾远翔得凭六月时的大风，方能乘势而行，这是自由还是不自由？你去问七夕鹊桥相会的牛郎织女吧，他们见面也是一年一回啊。

局限带来的痛苦

朝菌不知晦朔，蟪蛄不知春秋。

(《逍遥游》)

注释：

朝菌：传说中早上出生，到晚上就枯死的菌芝。也有的说法认为应该是"朝秀"，指一种朝生暮死的小虫子。

晦朔：一个月的时光。或说是一日的时光。

蟪蛄(huì gū)：春生夏死、夏生秋死的蝉。

春秋：一年的时光。

译文：

早上出生、晚上就枯死的菌芝，不会知道昼夜交替；春生夏死、夏生秋死的蝉，不会知道春秋变化。

鲲鹏展翅，呈现的是空间维度的大境界，这句则提示人们要在时间维度上突破自我的局限。

世间万物，都存在于时间、空间之中。人们承受的拘限，也就来自这两方面。

空间的限制比较直观，"山外青山楼外楼"，在你目力所及的世界之外还有另外的天地，或许那里是北方的不毛之地（《逍遥游》所谓"穷发之北"），也或许那里是西方的极乐净土。而时间的限制，相形而言，就比较抽象。非洲草原上的动物们，也能知道在遥远的地方，有一片丰美的草场可以栖居，因而不顾山高水长、千难万险奔逐而去，但它们恐怕难以了解在这样的空间移动中，时间在无情流逝，在奔向生命新希望的同时，也在奔向死亡。

动物更多地活在当下，人更多时间意识，更了解时间的意味。只是人们常常会忽忘时间的脚步，尤其是年轻的时候。在时间的河流中浮游长度越短，越容易轻略它的存在，就如同朝菌和蟪蛄，它们对一日的晨昏、一年的春秋，都不可能有了解。不过，人的情形，确实比较复杂些，百年之寿，大体是相同的，但对时间有限的意识，却是随着你日渐失去与它长相守的机缘而增长的，讲得直白些，便是：失去越多，就越明白。

在这个意义上，人，确实更痛苦。

内心安宁而高傲

举世而誉之而不加劝，举世而非之而不加
沮，定乎内外之分，辩乎荣辱之境。

（《逍遥游》）

注释：

劝：努力奋进。

沮：沮丧。

辩：即"辨"，辨别，辨明。

译文：

即使全世界都赞扬他，他也不会因此而更加努力奋进；即使全世界都反对他，他也不会因此而更加沮丧失望。他能认定内在自我和身外之物的分际，也能分清荣耀和耻辱的界限。

人生活在社会之中。中国文化里面，儒家传统特别强调人之间的关系，所谓"君君，臣臣，父父，子子"（《论语·颜渊》），各色人等扮演好自己的社会角色。这自然有积极的意义，毕竟如此社会才能稳定。不过，社会的组成，是每一个体让渡一部分权利，相互协调的结果，总要克制自我的欲望、利益与自由。这固然不得不然，但是更坏的情况是，不少人并不了解这里面的道理，一味以外在的价值为竞逐的目标，过犹不及，丧失自我。

　　庄子的意义，这时便突显出来。

　　关键在于"定乎内外之分"。明了何为外在，何为内在，对个体来说，是非常重要的。处理人我关系，一方面是对外的，就是我与他人的关系；还有一方面，是针对自我的，就是区别内外，从而明白并坚持自我的内在需求和价值。自我内在关切了然于胸，所有外在的荣辱都不再会左右自己了。世人非议的，只要确然是合乎自我本性的，"虽千万人，吾往矣"（《孟子·公孙丑上》），并不退缩；而世人赞誉备至的，也并不飘飘然自喜，因为所作所为并不是为外在的肯定，而是植根于自我的，所以那些都不足以增重。

　　在世俗的世界中，这是一个非常之高的境界；拥有这般境界的人，内心是安宁而高傲的。

什么是你真正的需要

鹪鹩巢于深林,不过一枝;偃鼠饮河,不过满腹。

(《逍遥游》)

注释:

鹪鹩(jiāo liáo):一种小鸟,俗名桃雀。

偃鼠:即鼹鼠,在田地里穿行的老鼠。

译文:

鹪鹩在幽深的树林里安巢,它所需要的不过一根树枝;鼹鼠到河里饮水,也只要喝饱一肚子而已。

庄子在《秋水》篇中曾说过，人在天地之间所占据的位置，不过是大山之中的小石子或小草小枝而已。（"吾在天地之间，犹小石小木之在大山也。"）小草小石，于大山不过立锥之地，微不足道；而这小草小石之所需，自然更少了，或许只是一滴雨露，一缕阳光。

人在世上行走一遭，真正需要的怕是极少；然而问题是，人心的欲求往往极大。古之帝王，号称后宫佳丽三千，但有终生不得一幸的；近有贵妇好鞋，高低尖圆，收罗备至，竟至数十载不能遍试。这些满足的乃是虚拟的欲望，而不是实实在在的生命需要。庄子站在最切近真实生命的立场上，说了实话。不去追逐你其实未必真要的东西，你才能了解并把握住你真正的需要。

知足常乐。如果一无所有，大概确是很难快乐，但有栖息的一枝，有满腹的饮食之后，拥有越多并不代表一定越快乐。人们在回顾童年小小快乐的时候，往往发现它们其实并没有多少是建立在丰沛的有形的占有之上的。这些年人们的物质生活水准提升是毋庸置疑的，不过调查显示，幸福度并未提升，或许还有所下降，不都是一个道理吗？

尸祝与庖人

庖人虽不治庖,尸祝不越樽俎而代之矣。

(《逍遥游》)

注释：

庖人：厨师。

治：管理，从事。

尸祝：负责主持祭神仪式的人。

樽俎(zǔ)：樽是酒器，俎是肉器。樽俎合指祭祀的礼器。

译文：

就算厨师不干厨房的活，主持祭祀的人也不会放下自己主管的礼器来替他工作的。

这句话是成语"越俎代庖"的出处，其出自古代传说中著名的隐士许由之口。

当时圣王尧治理天下，天下大治，属于儒家所认为的黄金年代，却不知道什么原因要将天下让给许由。许由当然推却，他先恭维尧：你已将天下治理得井井有条，何必要我来替你呢？难道我要这个名位吗？名是实的附属品，难道我是为了这区区附属品吗？（"子治天下，天下既已治也，而我犹代子，吾将为名乎？名者，实之宾也，吾将为宾乎？"）许由最后说的就是上面这句话了。

显然，许由自居于"尸祝"的位置，而以尧为"庖人"。"尸祝"和"庖人"是截然不同的职守，前者是祭祀时祷祝神主的人，而后者是主掌厨事者，其中隐隐有高下之别："尸祝"是祭祀活动中的重要角色，至于"庖人"，这里或许不仅仅是指一般掌管厨事的人，应该是与祭祀活动相关的安排祭品之类的人物，两者之间在祭祀这件事里面的主次，是很清楚的。后代稽康也曾涉及尸祝和庖人的典故，他自居尸祝，而将当初一同优游竹林后来却出仕为官的山涛视为庖人：听到你升官了，很有些不爽，怕你会羞于一个人当"庖人"，要拉"尸祝"一起来，摆弄着刀，搞得到处腥气。(《与山巨源绝交书》："间闻足下迁，惕然不喜，恐足下羞庖人之独割，引尸祝以自助，手荐鸾刀，漫之膻腥。")"尸祝"嵇康对"庖人"山涛的鄙夷态度显而易见。至少，在这位精通《庄子》的竹林名士看来，尸祝与庖人两者间孰轻孰重是很清楚的。

不过，《庄子》原来这层在隐世修身和治理天下之间、在道家和儒家之间扬此抑彼的涵义，今天已经褪尽了。

视而不见　充耳不闻

　　瞽者无以与乎文章之观，聋者无以与乎钟鼓之声。岂唯形骸有聋盲哉？夫知亦有之。

（《逍遥游》）

注释：

　　瞽（gǔ）者：盲人。

　　与乎：参与其中。

　　文章：色彩纹路。

　　形骸：人的躯体。

译文：

　　盲人没有办法看到花纹的美丽，聋人没有办法听到钟鼓的声音。难道只是身体感官有聋有盲吗？心智也是有聋有盲的啊。

人的五官相互配合，对于这个世界，我们才有准确的把握；某一方面有缺憾，都会造成很大的麻烦。如目盲，那么空间的感觉要差许多，而世界也是没有色彩的；耳聋，则世界是死寂的，没有风声鸟鸣，没有乐声宛转。这些多是无可奈何的事。

　　然而，更可怕也难以令人同情的，尚不是形质上的缺陷，而是精神上的。

　　马克思曾说过，对于不懂音乐的耳朵，最美的音乐也没有意义。这样的耳朵，在形质上并没有任何问题，但音乐对他，或许比对聋人更糟：聋人只是听不见，只是一片寂静，而对他则是喧嚣，甚至鼓噪。

　　精神上的闭塞，或者是出于有限的闻知，以狭隘的经验面对广阔丰富的世界，于是错愕，于是退缩，于是自我隔绝；或者出于傲慢自大，相信自己的正当性，对与己不同的一切都持排斥、否定的态度，他的眼睛看见了其他的事物，他的耳朵听到了不同的言说，但这一切在他心中没有任何的痕迹留存下来，等于从来没有听闻过。

　　这种情形有两个成语可以描述：前者叫视而不见，后者乃充耳不闻。

言谈的气味

> 大知闲闲，小知间间。大言炎炎，小言詹詹。

(《齐物论》)

注释：

闲闲：广博从容的样子。

间间：细碎分别的样子。

炎炎：气势猛烈，咄咄逼人的样子。

詹詹：喋喋不休的样子。

译文：

大智慧广博从容，小智识细碎分别。大言论咄咄逼人，小言谈喋喋不休。

庄子生活的时代，在他眼中是乱世，社会经历剧烈的变动，问题纷起。人们在忍受种种痛苦的同时，自然也想有所救治。所谓百家争鸣，大抵就是这么来的。那是一个众声喧哗的年代。诸子关心的问题，各有不同。有的直接就国计民生的热点问题陈述意见，如儒家、法家之类；有的从特定的职业立场阐发救世的良方，如墨家、农家之类；有的关注乱世中自我的生存和保养，如杨朱之流；有的究心天地消息及其与人世的关联，阴阳家是也；有的考察言谈的逻辑，如惠施、公孙龙，等等，不一而足。

庄子面对种种言论，自然有他的观察和感想。这里虽然不是对具体各家各流的批评，但于诸子思想言论的风貌气味，确实可算是非常好的总体描述。

高论大言，论说的问题既关重大，展开论述的气势也就不自觉壮大起来，如孟子就承认自己"予岂好辩哉，予不得已也"（《孟子·滕文公下》），孟子骂起人来，真是很厉害，比如指责别人无父无君（"杨氏为我，是无君也；墨氏兼爱，是无父也"），就很有些强词夺理，言辞上给人深刻印象，胜在气势。至于喋喋不休的"小言"，体现的是细琐的"小知"，那应该是以名家为对象的。《天下》篇里面庄子批评惠施"说而不休，多而无已，犹以为寡"，便是这里说的"詹詹"，还说惠施所擅长的那套，"散于万物而不厌"，从天地大道来看，"犹一蚊一虻之劳"，正是这里所谓"间间"了。

庄子所言，虽源自他对那个时代中思想言论的观照，不过是不是也具有普遍性呢？我们耳闻目睹种种"闲闲""间间""炎炎""詹詹"的时候，大约多少也可以嗅出些气味吧？

返视生命过程的悲哀

一受其成形，不亡以待尽。与物相刃相靡，其行尽如驰而莫之能止，不亦悲乎！终身役役而不见其成功，苶然疲役而不知其所归，可不哀邪！

（《齐物论》）

注释：

相刃相靡：刃，逆。靡，顺。相刃相靡，指相互交接、冲突。

苶（nié）然：疲倦困顿的样子。

译文：

人一旦接受了这个形体，就不再变化，只能坐待生命尽头的来临。人与外物相互交接、相互冲突，眼看时光飞驰而无法阻止，岂不是也太可悲了吗？终生奔走劳碌而看不到有什么成就，疲倦困苦而不知道自己到底是为了什么，这怎么能不令人感到可悲呢？

生命的有限性，人人都有意识，或迟或早，或淡漠或强烈，都会有。

然而庄子对生命的流逝尤其敏感，并且基本将生命看作一个痛苦的过程。

自然界和人世间的风霜刀剑，人们都得逆来顺受（"与物相刃相靡"），而且一切最终未必有什么收获和成就（"终身役役而不见其成功"），这是外在的事实层面。

更令庄子感到心魄振荡的是心理层面的痛苦：眼见着自己的生命迅速走向终点，却无法挽住时间的脚步（"其行尽如驰而莫之能止"），毕其一生劳累辛苦，回头想一想，竟一言难尽，不知道究竟为了什么（"苶然疲役而不知其所归"）？

身心俱疲，这就是人生的感觉。人都处在这一生命过程中，庄子高出常人处，便是能在精神上超乎其外，返视生命的过程；虽然，这一观照给予人的仍是哀恸，甚至更增一层哀恸。

爱他/她的一切，包括缺点

道隐于小成，言隐于荣华。

(《齐物论》)

注释：

道：整体的大道、真谛。

小成：局部的成就。

荣华：浮华不实的言辞。

译文：

"道"因为小的成功而被隐蔽；"言"因为浮华之辞而被隐蔽。

"言隐于荣华"，比较好理解，即纷繁华丽的言辞，往往遮蔽了传达真谛的言辞。就如当下，说法很多，资讯泛滥，但是究竟有多少是真理呢？嘈杂的喧嚣，使人们无法静下来倾听真理的声音。

"道隐于小成"，则略需解说。

庄子相信大道是一个整体，世间万物共处道中，互通互融；如果你要将一个部分凸现出来，那么或许对这个被凸现的部分是有所成就了，而对整体之道则是一种毁伤。比如你砍伐大树，准备充作栋梁之用，这当然好，但那些旁枝他叶呢？它们被抛弃了，就是毁伤，不仅对这些旁枝他叶是毁伤，对原来整棵完整的大树，岂不也是一种毁伤？

或许有人要说：这不是去其糟粕，而取其精华吗？有什么不好呢？庄子对此，则不能同意。《秋水》篇中，针对何以不能仅取其正确而抛开错误（"盖师是而无非"）的意见，庄子回应说：这是不明天地万物之理，怎么会仅有天而没有地，仅有阴而没有阳（"是未明天地之理，万物之情者也；是犹师天而无

地，师阴而无阳"）？世界上的事都是相反相成的，"东西之相反而不可以相无"，不会只有一面。近代弘一法师李叔同圆寂前的遗言是四个字："悲欣交集"。作为一个整体的人生，不就是这样的吗？有快乐，有悲伤。

所以我们要理解，要面对，要有宽容、同情的了解。一个人好的方面，我们固然喜欢，固然欣赏，但不那么好，甚至恶的那部分，其实也是其必然的组成部分。恋爱的时候，常常说要爱对方的一切，包括爱对方的缺点；恋爱中的庄子一定也会这么想。

知己知彼

物无非彼，物无非是。自彼则不见，自知则知之。

（《齐物论》）

注释：

彼：外界，引申为与自我对立的方面。

是：此，引申为自我。

译文：

世界上的事物，都互相视对方为自己之外的他物，所以没有不是"彼"的；都自视为自我，所以没有不是"是"的。从他物的角度看则难以看清，从自我的角度理解则能够明白。

"彼"与"此"、"物"与"我"之间总是相对的。通常人们站在自我的立场,清楚地区分着彼此、物我。这是无可奈何的事情,不过庄子提醒我们,对这一情形,要有清楚的自觉。这种立场是有限制,有缺陷的。从自己的立场去看,往往不能充分了解彼方的实情;而对自己的事,当然比较明白究竟。也就是说,人们往往缺乏同情的了解。

　　虽说了解自己其实也是谈何容易,但关切自己,知晓自己,总是一般的情形。然而,明白自己的有限和局限,以较为宽广的眼光包容他人,才是更高的德性。孟子曾经说过:"无恒产而有恒心者,惟士为能;若民,则无恒产,因无恒心。"(《孟子·梁惠王上》)他所谓的"恒产"就是局限,当人有一定利益的时候,才会有一定的信念;但这利益的多少、利益的所在是不同的,彼此不同的人所处地位不同,因而信念也就不同。惟有孟子所谓的"士"这一阶层,能超越特定的阶层和利益所在,持有确定的信念,这种信念是具有周遍性的,为尽可能多的群体考虑。因而,其所见所知就不仅限于自我,而且可以知彼见彼。

　　庄子提醒我们:跨越彼此,知己知彼。

如果不是讲《庄子》

彼亦一是非，此亦一是非。

(《齐物论》)

人总是认为自己正确而对方错误，因而各自有其是非判断。但是既然彼此是相对的，站在不同的立场上，自然各自会有各自的是非。彼此、你我都是这个世界整体的一部分，庄子要说的，其实是人们不应该执着各自的是非，毕竟各自的是非都是片面的是非，争执下去，徒然自限于一隅，背离大道。

然而，后人对庄子的苦心未必能时时谨守；倒是常常拿这话作托词，坚持自己的立场。新文学运动有一位早期的白话诗人、后来不成功的政治人物，叫康白情，当年在北京大学读书的时候常常迟到。有一位对《庄子》很有研究的马叙伦先生，当时正开课讲《庄子》，康白情照例迟到。一次，马先生正讲得高兴，康白情又破门而入，老师忍不住了，放下《庄子》问他何以如此，康答："住得远。"马先生火气即刻上来了："你不是住翠花胡同吗？只隔一条马路，三五分钟即可走到，何得谓远！"康接口道："先生不是在讲《庄子》吗？庄子说：'彼亦一是非，此亦一是非。'先生以为近，我以为远。"马先生一时语塞，气得宣布下课。

可叹马叙伦上的是《庄子》，如果是讲《论语》，那不妨像孔子骂那个白天睡大觉的宰予一样骂康白情："朽木不可雕也！"（《论语·公冶长》）

自己的路自己走

道行之而成，物谓之而然。

（《齐物论》）

注释：

道：道路。

物：这里指被语言指称的事物。

译文：

道路是人们行走之后而形成的，事物是被人们称谓而确定如此名字的。

鲁迅曾说过一句名言:"其实地上本没有路,走的人多了,也便成了路。"(《故乡》)这个意思,庄子此处的"道行之而成"已经说出来了。

现代社会中,我们对于道路通常不会有特别的感觉,因为道路已然存在,它就在你的面前延展开去,即使你不"闭门造车",也定是"出门合辙"——一出门就踏上路。然而道路原是没有的,它之形成,就是人们走出来的。

我们行走在已经存在的道路上时,面临一个选择的问题。美国诗人弗洛斯特(R. Frost)有一首诗,名为《未选的路径》(The Road not Taken):诗人在黄叶林间面对两条一样幽静而罕有人迹的小路,最后选择了看来更寂静的那条;许多年后,诗人回想当初的抉择,真切地体味到,那个选择决定了自己的一生(I took the one less traveled by, and that has made all the difference)。

实际行走中的路径选择,引发了诗人对人生的感觉。是啊,人生的道路,看似无形,但同样道理,也是人们行走之后才形成的,并且你不可能沿着任何一条别人踏出的路前行,每一个人都只能自己面对,自己抉择,自己去走。

活在当下的皆大欢喜

狙公赋芧,曰:"朝三而暮四。"众狙皆怒。曰:"然则朝四而暮三。"众狙皆悦。

(《齐物论》)

注释:

狙:猴子。

狙公:养猴子的人。

赋:这里是分别喂食的意思。

芧(xù):橡果。

译文:

养猴子的人喂猴子吃橡果,说:"早上给你们三个,晚上给你们四个。"猴子们大怒。养猴子的人改口说:"那早上给你们四个,晚上给你们三个。"于是猴子们都心满意足了。

古今之间固然有连贯性,但也有断裂,这是通常的情形。语言表现上也是如此。比如"朝三暮四",现在的意思是指心意犹疑不定,忽此忽彼,时时变化。它的出处是《庄子》,不过,原来的意思显然不是这样的。

庄子相信世间万物浑然一体,不可强加分判,割裂开来;然而世人往往不能了解这一点,所以偏执一事一物、一个方面,不能有整全的视野,周照全体。这就如同猴子,听说早晨给的橡果少,就不高兴了,根本没有联系到晚上给得多这一情况;转而告诉猴子们晚上的减少,而早晨的增加,它们立刻转怒为喜。分析一下,猴看到的只是眼前的利益,这也难怪,动物基本是活在当下的,它们没有历史感和对未来的谋划。

人与猴子是近亲,猴子犯的错误,人也一再犯。多少人只顾眼前,急功近利,而缺乏远虑? 当下和未来都是你要经历的,你不能为了当下而不计未来;如此推至极端的例子,要数杀鸡取卵了。

多数人没有整全的视野,足够聪明的人有;但这也存在一个如何与众人相处的问题。可以仿效狙公,因顺猴子们的愿望,而最后的结果其实一样,橡果的总数并没有增减,不同的是:调整之后,皆大欢喜。

除了猴子的喜悦,我们好像也听到了庄子似有若无的笑声。

我们从哪里看世界

天下莫大于秋豪之末,而太山为小;莫寿乎殇子,而彭祖为夭。

(《齐物论》)

注释:

秋豪:即秋毫,秋天兽类身上新长出来的细毛。

太山:即泰山。

寿:比……更长寿。

殇(shāng)子:夭折的婴儿。

彭祖:传说中的长寿者,据说活了八百岁。

译文:

天下的事物,没有比秋毫的末端更大的了,而泰山却是小的;没有比夭折的婴儿更长寿的了,而彭祖却是短命的。

太山,先秦时代就以高大著称,李斯在劝谏秦王不要驱逐来自其他诸侯国的才士能人的时候便说过:"太山不让土壤,故能成其大;河海不择细流,故能就其深;王者不却众庶,故能明其德。"(《谏逐客书》)然而庄子这里却说"天下""太山为小",实在是非常可异之论。

然而,这看似荒谬的论断后面,确有庄子的洞见。

人们看待事物,其实是有一个特定立场和视角的。说蚂蚁小,说大象大,都是以自我形象为标准的,只是通常我们不会特别提出来,以致有时候连自己也忘记了这些说法是建立在比较的基础之上的。庄子特意突出的就是这一点:既然事物之间的情状都是相比较而言的,那么站在不同的立场、采取不同的视角,对事物的观照就是不同的,甚至可以与我们通常的印象截然不同。秋天鸟兽身上新生的体毛看似微末,但在更微末的角度来看,它们可以是巨大无比的;太山在我们人类看来固然很高大,但在天地的大范围中,则微不足道;站在朝生暮死的小虫的立场,未成年而夭折的小孩子寿命已长得不可想象;而八百岁的彭祖,相对沧海桑田而言,不过短短一瞬间。故而,庄子的说法虽然诡异,但后面也有他的理路,提醒世人,世上的一切并不是胶着固定不变的。

这一观念的合理性,在《秋水》开篇河伯、北海若的对话中,显示得更为清晰:河伯当初自以为浩大无边,但抵达北海若面前时才见识了真正的无边无际,这时,海之大是显见的;然而,北海若接着就指出自己相对天地,不过沧海一粟而已。海之"大",骤然转为"小",关键正在观照立足点的转移。

平常,人们看待事物时,不也可以由此获得些启示吗?

不再孤独

天地与我并生，而万物与我为一。

（《齐物论》）

译文：

天地和我同生并存，而万物与我合而为一。

古代经典的开始是很有意思的,可以约略窥见其中所包容的精神世界。《论语》开始是"学而时习之,不亦乐乎"(《学而》),呈现一位"敏而好学","不知老之将至"(《述而》)的教育家形象;《孟子》开篇就是见梁惠王的说辞,凸现的是周游列国,能言善辩,极力推行自己政治理念的孟子。《庄子》开篇则是鲲鹏展翅,推展出一个宏大的世界,这里不仅有人,而且有鱼有鸟,有大海有天空,这是一个包罗万有的世界,而不仅仅是人的世界。

这才是我们身处其间的真实的世界,万物纷纭,并生并育,一起展示着自己的色彩声息。在这个世界中,庄子打开自己,视接四野,耳听八方,遨游天地之间,同乎大化流行。此乃与天地并生、与万物为一的情境。当此情境,人不再是孤独的有限的存在,而是与外在世界融通无碍的个体,他可以体会游鱼之乐(《秋水》),他会在梦中与大树对话(《人间世》),于是他不再只有人类的立场,而且能理解万物的心意,跨越彼此的鸿沟,与整个宇宙的脉动同一节律。

这不是功利的境界,不是道德的境界,而是"独与天地精神往来"(《天下》)的宇宙境界。

怕见美人

　　毛嫱丽姬，人之所美也；鱼见之深入，鸟见之高飞，麋鹿见之决骤。

（《齐物论》）

注释：

　　毛嫱（qiáng）、丽姬：都是古代的著名美人。

　　决骤：奔逃不顾。

译文：

　　毛嫱和丽姬，是人人都会赞赏的美人，然而游鱼见了她们就深深地潜入水底，鸟儿见了她们就高高地飞上天空，麋鹿见了她们就飞快地远远跑开。

古希腊的爱智者苏格拉底曾与人讨论什么是美的问题，几经辩证，最后得出的结论是：美是难的。读庄子的这段话，很容易浮出"美是难的"这一念头。

当然，庄子的理由和苏格拉底并不相同。庄子指出，在人和鱼、鸟、麋鹿之类组成的动物界之间，对美有根本的不同见解。世间万物千差万别，很难以一个标准贯通一切，尤其对赋有价值意义的美丑、善恶之类，更是如此。

其实，不仅不同的物种之间因为性状的不同会有不同的主观判断，即使同样的物种，因为时代的关系，一时趣味的转移，也会有大相径庭的取向。唐代女子审美的标准是"肌理细腻骨肉匀"（杜甫《丽人行》），或许稍偏向丰腴之美；而到了《红楼梦》中，林黛玉显然无法与杨贵妃相提并论，是娇弱病愁的典型了。

其实，再想一下，或许鱼沉、鸟飞、麋鹿决骤，本来就不是能否欣赏人间美人的问题，而是压根儿就感到害怕！美人、粗汉对它们，完全是一样的。相比较而言，美和生命之间的抉择，庄子肯定后者，那是可想而知的。

梦与醒

方其梦也,不知其梦也。梦之中又占其梦焉,觉而后知其梦也。且有大觉,而后知此其大梦也。

（《齐物论》）

注释:

方:当。

占:占梦,解梦。

译文:

当做梦的时候,不知道自己是在做梦。在梦境里又占卜自己所做的梦。直到梦醒以后才知道,原来自己一直是在做梦啊。

慨叹人生的时候，人们往往会说：人生如梦。

梦是把握不住的，我们不知道它何时会来，何时会去，它是迷离恍惚的，平常生活中不可能的事会在梦中发生，无论它是悲伤还是欢喜；然而就身在梦中的感觉而言，又是如此真实，我们会为它惊骇不已，也会喜极而泣。

当我们喜极而泣，或者冷汗淋漓时，谁也不会意识到这是梦；当高峰体验过去了，无论悲还是喜，或许我们都会闪过"这是不是梦啊"的念头。然而，也不过就是这么一闪念，梦还是要继续。当我们醒来的时候，才最后确证：这是梦啊！

庄子这几句话，描写的就是这么一个情形。

梦与现实之间的关系，最扣人心弦。《齐物论》美丽的"庄生梦蝶"，人们通常不顾其所谓"物化"的义理，而醉心于"不知周之梦为胡蝶与，胡蝶之梦为周与"的奇幻之思、迷离之境。醒来之后，如"梦蝶"这般梦境与现实的纠结的情况,终究是少数,大多是梦境与现实之间的巨大反差令人错愕心惊。诗人李白从梦境中醒来,嗟叹方才经历的仙境,已成过眼云烟:"忽魂悸以魄动,恍惊起而长嗟。惟觉时之枕席,失向来之烟霞。世间行乐亦如此,古来万事东流水。"(《梦游天姥吟留别》)李商隐从绚丽的梦境中回转来,"恍惚无倪明又暗,低迷不已断还连。觉来正是平阶雨,独背寒灯枕手眠"(《七月二十八日夜与王郑二秀才听雨后梦作》)。

梦与现实,尚且是此一人生中事。庄子最后的那句话,陡然将梦提升到生死之间:人生一世,是否就是一场大梦呢?而所谓死亡状态是否反倒是觉醒呢?这样想下去,人生是短暂的精神出游,而死亡是回归常态吗?

梦想照进现实

　　昔者庄周梦为胡蝶,栩栩然胡蝶也,自喻适志与! 不知周也。俄然觉,则蘧蘧然周也。不知周之梦为胡蝶与,胡蝶之梦为周与? 周与胡蝶,则必有分矣。此之谓物化。

(《齐物论》)

注释:

　　栩栩:轻快飞舞的样子。

　　蘧蘧(qú):骤然醒转。

　　物化:物物之间通融一体,转化无碍。

译文:

　　庄周曾梦见自己是一只蝴蝶,欣然翩飞的蝴蝶,自己感到很是愉快和惬意,不知道自己原本是庄周。突然间醒过来,惊觉自己是庄周。不知是庄周梦中变成蝴蝶呢,还是蝴蝶梦见自己变成庄周呢? 庄周与蝴蝶,那必定是有区别的。这就叫做"物化"。

这可能是古代中国最美、最迷离恍惚的一个梦。

《庄子》中多次出现梦，这次是庄子以自己为主角。骤然醒来的时候，他还沉浸在翩翩飞舞的蝴蝶状态，似乎有些不能相信，一瞬间恍然不能分别现实和梦境。然而，他清楚，两个世界之间一定是有界限的，一定是可以分别的；这一意识表明庄子此刻是在现实之中了，如果他还是那快乐的小蝴蝶，自得其乐尚且不暇，何来如此清晰的分辨意识？

然而，分辨就是绝对的吗？在"俄然觉"之前，庄子和蝴蝶的分别重要吗？那种快乐自得的感受不是真实的吗？这种感受难道是虚幻的吗？

梦，在现实世界中，确实难以把握，但它与我们有着深切的关联，通过它，我们与截然不同的世界有了沟通的隧道，这种沟通是真实的，因为我们享受到了进入另外一个世界的快乐，我们感觉到自己与世间万物是可以融通的。

庄周与蝴蝶、现实与梦境之间的纠结，一定令庄子困惑而着迷，它既是庄子所身历，从而引致其无穷遐想的缘由，也是他反省、思考世界真实本相的对象。

一叶落而知秋

吾生也有涯，而知也无涯。以有涯随无涯，殆已！

(《养生主》)

注释：

涯：边际、尽头。

殆：疲倦困乏。

译文：

我的人生是有尽头的，而智识却无边无际。以有限的生命，去追逐无尽的智识，只会使自己疲困危殆罢了！

生命有限，是人生的大限制。如何度过有限的人生，有许多不同的理解。大多数人相信，获得荣华富贵是重要的；现代社会中，一般人以为要获得荣华富贵，需要读书，需要有知识。这当然是有道理的。

　　对知识的竭力追求，其实是近代以来的精神方向。至少在中国古代，知识的追求并不是人生的究竟。儒家自然讲究知识，孔子就以博学多闻著称；但儒家对知识的追求，是以滋养人生为根本目标的，"格物""致知"在"诚意""正心"的旁边，不可偏废。道家的观念中更明确强调，知识的丰富并不代表智慧。《老子》就有"道""学"之间存在"损""益"不同的意思。（第四十八章）

　　生命是有限的，而知识是无限的，这两者之间本来呈现不同的趋向。如果站在人生本位的立场上，自然我们应该把握的是生命。一味追求知识，愈行愈远，充实的是知识的系统而不是人生的智慧。人生的智慧，往往并不是建筑在知识累积基础上的。一叶落而知秋，我们不需要等树上的全部叶子都落下，才知道冬天来临。

别做坏事也别刻意做善事

为善无近名，为恶无近刑。

(《养生主》)

译文：

不做善事，以免获得名声；不做恶事，以免遭受刑罚。

"为善无近名，为恶无近刑"这句话，曾引起许多的议论、纷争。

有一种批评是说：做了好事不求名，那就算了；做了坏事不至受到刑罚，那岂不是教人做了坏事又要逃避惩戒吗？这还成话！

其实，它的意思，应当在上下文的脉络里来理解。它的前面，亦是名言，即"吾生也有涯，而知也无涯。以有涯随无涯，殆已"。前面已经分析过，庄子不主张极力追求知识，因为他的立场站在人生这一根本上，而知识并不是生命的核心价值所在。同样的道理，无论"为善"还是"为恶"，它们所招致的"名"和"刑"也都是外在的，虽然在世俗的眼光中，两者之间有好坏之别，但其实同样对自我的生命有害。刑罚不用说了，至于名声，人们也往往为其所累：或者善事做起来就不得停止，一路做去，疲敝精神；或者为了好名声，竭力维护，徒然增加许多不必要的作为，人为而虚伪，背离自己的本性。

因而，从生命的本真而言，"善""恶"不妨一起放下，以免"名""刑"；这样，这句的意思，不是说可以"为善"或"为恶"，只要不至为名所累或招致刑罚，而是说不该去有意为善或为恶。《骈拇》篇最后有句话说得很明白："上不敢为仁义之操，而下不敢为淫僻之行也。"（既不敢去做合乎仁义的事，也不敢去做邪僻妄为的事。）

"无""为善"、"无""为恶"，即是行"中道"。这句的后面接着的便是"缘督以为经"一语，"督"过去就解释为"中"。（郭象《庄子注》："顺中以为常也。"）离开世俗所谓的善恶好坏，走在中间道路上，从而保全生命本身，此乃庄子的本意。

感情我们可以作主

安时而处顺，哀乐不能入也。

(《养生主》)

如果能够安于时势，顺应变化，那么喜怒哀乐，种种感情执着就都无法侵入内心。

"时"和"顺",有特定的涵义。这要从《养生主》秦失吊唁老聃(dān)的故事说起。

老聃死后,秦失去吊唁,仅哭了三声就出来了,有人觉得很奇怪,于是问他:你与老聃不是朋友吗?秦失说:是啊。我看大家哭得那么伤心,老人好像失去了孩子,年轻的哭得如同失去父母,这些恐怕都不是老聃所期望的。对老聃来说,他在该来的时候来到这个世界,到了该去的时候,他依顺自然而去了。如果安于来去之时,顺应自然之理,那么悲哀和喜悦之情便不会深入内心了。

也就是说,"时"和"顺"在这里是特别就生死而言的。庄子明了生命的过程有其不可抗拒的限定:它的来到,我们无法作主;它的离去,我们也无法作主。在不能作主的情况下,能做的就是理解它,在理解的基础上平静地接受它的来去;来而喜,去而哀,心中的这些情感反应,既然无补于事,所以不该让它们深入内心,长住心间,造成伤害。

喜怒不形于色,很大程度上是做给人看的,在他人的眼中才有意味;哀乐不入于心,则是真正朝向自我的,是对内心世界的呵护。

先己后人

古之至人，先存诸己而后存诸人。

(《人间世》)

注释：

至人：庄子观念中最完美的得道者。

存：安定，保全。

译文：

古时候得道的至人，先安定保全了自己，然后才去安定保全别人。

现代一般觉得，先人后己的顺序是好的。但古人显然不这么想。

《庄子》里的这句话借孔子的口说出：你得先顾自己，而后才能顾得上别人。孔子劝告颜回，不要血气方刚，满腔理想，一心要去卫国劝谏卫国国君，改变那里糟糕的时政，而对"伴君如伴虎"没有充分的意识。

或许你会以为，这么说的孔子只是庄子的传声筒。但孔子说过："古之学者为己，今之学者为人。"（《论语·宪问》）也是讲先己后人的，认为自己的重要性是第一位的。《礼记》中《大学》一篇，后来作为"四书"之一，是无数学子熟读的典籍，其中次第也是："修身，齐家，治国，平天下。"是从我做起，先将自我完善，而后逐次提升，扩展到家族、国家和天下的。这理想虽更宏大，但其设想的基本路径，与"先存诸己而后存诸人"是完全一致的。

先"为己""存诸己"，"修身"先于"齐家""治国""平天下"，不是现在通常很容易认为的所谓自私，而是认为人是第一位的，是最重要的，要成就任何事业，必须首先着力在人本身，这才不是本末倒置，才不会最后落空，孔子说得明白："人能弘道，非道弘人。"（《论语·卫灵公》）弘扬大道，天下兴亡，终究系于人啊。

画眉深浅入时无

无听之以耳，而听之以心。

（《人间世》）

倾听，是人类的一个基本美德，它表明人之间是可以沟通的，是可以互相理解的。

动物之间通过嘶叫、通过特定的动作，乃至直接的接触，也是可以沟通的，它们可以协调群体的行动，合作捕食，传递警报等。这些功能，人类通过说与听，也可以达到。但人类之间更重要的沟通，不是在互相提醒该吃饭了、该上班了之类，而是在互相之间达到理解。

这是心与心之间的交流，说出的与倾听的，都不仅仅止步于字面，其意味固然落在字句之中，也萦绕在字句之外。当父母对孩子提醒道：穿好衣服，小心着凉。这不是一个简单的建议或指令，而是一种实实在在关切的体现。这不是仅以耳朵可以听得到的，需要以心去体会。

意余言外，更是文学的基本表现方式，比如诗歌往往是言在此而意在彼。唐代朱庆余有关画眉的诗，是人所乐道的。在参加科举考试前，朱庆余写了一首《近试上张水部》投赠水部郎中张籍："洞房昨夜停红烛,待晓堂前拜舅姑。妆罢低声问夫婿,画眉深浅入时无?"以洞房花烛次晨的新娘子梳妆拜见公婆的情形和心态为喻,自拟新妇,以张籍为新郎,问询科场前途如何?张籍酬以一首:"越女新妆出镜心,自知明艳更沉吟。齐纨未足时人贵,一曲菱歌敌万金。"张籍当然听懂了朱庆余的弦外音,没有将其诗按字面简单理解是表现闺阁趣味的作品,在自己的诗中给予朱庆余很大的肯定。

所有人类表达中的言外之意、弦外之音,都是用心才能听到的。

鸟飞无留迹

绝迹易,无行地难。

(《人间世》)

注释:
　　绝迹:闭门不出,不走路。
　　行地:在地上走路。
译文:
　　要想不走路容易,要想既走路又不踩着地面才难。

066　　庄子百句

字面上，这句话很明白，也好理解：你要想不留痕迹，干脆别出门，不走路，也就不会有足迹；如果你既要行路，又想没有痕迹留下，那是很难的——除非你能飞行，脚不点地。

　　庄子的意思是什么呢？是比喻人之行世。明代释德清《庄子内篇注》解释道："逃人绝世尚易，独有涉世无心，不着形迹为难。"你在这个世界上，如果觉得不谐和，干脆做一个隐士，眼不见身不染为净，也不会有什么机诈危险等着你。但离世远遁，毕竟还是一种简单的保全自己的办法。要依然在世上行走，却如同飞鸟经天，虽已然飞过，空中杳无轨迹，自己走得潇洒，而且摆落一切可能的阻难，那真的是不易。

　　达到这样的境地，除了前面提到的飞行，如何可能呢？那就是依顺世道，深通事理，内无心而外无为，如庖丁解牛一般，以"无厚"之刃入"有间"的牛之骨架，游刃有余，十九年刀刃未曾损伤。(《养生主》)

真与伪

为人使易以伪，为天使难以伪。

(《人间世》)

为人使：被人情、人欲所驱使。
为天使：被天道、自然所驱使。

译文：
受到人情、人欲驱使，易于虚伪；为天道、自然驱使，就难以虚假。

庄子常常突出"天""人"的不同。"天"代表自然法则，而"人"在庄子看来，体现了人世间与"天"不合的特殊性。以人之情欲为动力的所作所为，往往是不合天道的，是"伪"的；"伪"原来就是指非天性本来的"人为"。相反，依循天道而来的作为则不是伪（人为）的，是真的。

人在人群中，要协调与他人的关系，多少要放弃一些原来的东西，要有些妥协；这些克制和变通，就是人为之"伪"。你会害怕些东西，你要渴望些什么，于是为了避开或得到这一切，你会试图改变自己，对着你不喜欢的脸孔微笑，勉强自己做其实毫无兴味的事，等等，迂回前进，最后把握目标。

这都是庄子厌倦的。他厌倦，所以他退出，他按照自己天性的喜好，过自己的生活，他相信自己的生活是真实的，自己的心是真诚的。

饮冰之人

朝受命而夕饮冰。

（《人间世》）

饮冰：因内心焦躁而饮服冰水。

译文：

我早上接受了命令，晚上就要焦躁忧虑到要喝冰水解热的地步。

叶公子高是楚国的宗室，一次他接受了楚王之命，要出使齐国。但这是一件很难办的差事，因为齐国对待外国使臣一般很礼貌，但事情总会拖着。叶公子高担心不能完成使命，楚王将惩罚他，所以，虽然他平日的饮食清淡简单，此刻却内心焦灼，早上才受命，晚上就要喝冰水了。

看得出来，叶公子高基本是一个将世俗责任看得很重的人，是一个忠心国事的人，急切想将使命尽快完成；并且就个性而言，虽然饮食简单说明他可以算是一个不那么苛厉的人，但个性还是有些急。近代有一位著名的政治人物和大学者梁启超，与叶公子高产生了共鸣，他为近代中国的困境和问题焦虑不已，迫切期望能完成拯救天下的使命，故而将自己的室名定为"饮冰室"，他的文集也以"饮冰室"为名。

叶公子高最后如何，我们不很清楚；梁启超不能算完成了他预想的事业，不过尽了他的努力和责任，在历史上留下了深深的印迹。"饮冰"这两个字，以后恐怕主要得以其与梁启超的关联，存留在人们的记忆中了，毕竟，他所关切的要比叶公子高深广得多。

始简毕巨

其作始也简，其将毕也必巨。

（《人间世》）

注释：

简：简易单纯。

巨：庞杂烦难。

译文：

世间的事情，一开始通常都很单纯简易，到了要结束的时候，就都变得很庞杂烦难了。

庄子的这句话,基于日常观察和经验,说出了一个平常而深切的道理。

从《人间世》原来的语境来看,庄子是从负面的意义上来讲的,他的观察通达人情世故:那些凭智巧相争胜的人,开始还都是光明正大的,最后往往用到见不得人的损招,至极端则可谓千奇百怪;依礼饮酒的人,最初都是规矩的,后来常酒后乱性,至极端便瞎胡闹取乐了;事情都是这样的,最初能互相信任,最终往往互相欺诈。("以巧斗力者,始乎阳,常卒乎阴,泰至则多奇巧;以礼饮酒者,始乎治,常卒乎乱,泰至则多奇乐。凡事亦然,始乎谅,常卒乎鄙。")所以,庄子以为,事情当初开始的时候是微小的,到最后结束的时候就变成大祸了。针对庄子所指的情形,正确的应对策略就是要能见微知著,要防微杜渐,要防患于未然。

不过,这句话抽离原来的语境,不妨做正面的理解:世间万事万物都有一个萌生、发展、壮大的过程;万丈高楼平地起,最初还不是从地面甚至挖地数丈开始,从俯视而后渐渐需要仰视的吗?

打是亲骂是爱

意有所至而爱有所亡。

(《人间世》)

注释:

意:用心。

爱:所喜爱的东西。

译文:

珍爱、照看的用心无微不至,而所喜爱的东西反而因此而亡失。

庄子讲了一个故事，说养马的人照料自己养的马，无微不至，甚至用专门制作的竹筐和贝壳来接马屎马尿；有一次，他见到有蚊虻叮在马背上，于是去拍打驱赶，结果马不解其意，骤然发怒，咬断了马嚼子，重重踢伤了养马人。庄子评论说这叫"意有所至而爱有所亡"。

庄子的原意，是要讲伴君如伴虎的道理，你全心全意、忠心耿耿为国君考虑，向他进言，或许招致的反是杀身之祸。庄子的观察是锐利的，想想在庄子之后的年代里，有多少怀抱忠心的臣下，因为触怒了国君而家破人亡！

这也不妨可以是一个具有非常普遍意义的说法。你一意对对方好，反而或许宠坏了对方，小不如意就会发作，不懂事的小孩子，往往如此；恋爱中也是这样，太在意你的情人，往往更容易受伤。

喜爱固然应该表达出来，藏着不露，不是合适的做法，但也不能过度。过度的爱，会导致被爱之人恃宠而骄，行为无端。在这个意义上，"打是亲，骂是爱"的说法，如果不是从字面去直接理解，而是看作一种严格要求，将爱转化到对对方真正有益的方面，那也是可以接受的。

"有用"有什么用

山木，自寇也；膏火，自煎也。桂可食，故伐之；漆可用，故割之。人皆知有用之用，而莫知无用之用也。

（《人间世》）

注释：

自寇：寇，采伐。自寇，自取砍伐。

膏火：用来点燃照明的油膏。

桂：桂皮，可供食用。

译文：

山中的木材，是因为长得好而自取采伐；油膏，是因为可以照明而自取煎烧；桂皮可以食用，所以被人砍伐；漆树有用，所以被人割皮取漆。人们都知道有用之物的用处，而没有人知道无用之物的用处。

庄子非常喜欢以树为例来讨论人生大问题；这里且提及"漆可用，故割之"，据记载，他曾任"漆园吏"，有一种解释这是管理漆园的官员，或许有些道理吧。

山木之所以被砍伐，因为在世俗的眼光中，它是有用的；正因为有用，所以丧失了自己的生命。生长得笔直成材的树木先被砍伐，甘甜的水井先为人饮用，以致枯竭。（《山木》："直木先伐，甘井先竭。"）因而，庄子以为是山木自己招致祸害。油膏、桂漆都是如此。

庄子警告人们，不要以为通常所谓有用、无用是永远有效的，不能以此为标准来估价所有事物。他给出了不少反例。《人间世》记载，南伯子綦（qí）到商丘，见到一棵大树，非常之大，足以荫蔽千乘车骑。仔细一看，树枝弯曲不可以承担栋梁之重任，而树下面的主干则中心裂开无法做棺椁（guǒ），尝尝叶子，唇舌都将烂伤，闻一闻，能让人晕三天。于是南伯子綦感慨道：这树真是不成材啊，因此才长得如此高大！（"此果不材之木也,以至于此其大也。")这样以"不材"
而得享天年的大树,庄子率弟子在山中行走
时也曾见过,庄子的观感与南伯子綦一样:
"此木以不材得终其天年。"(《山木》)

然而,这些大树果然是世俗所谓的无
用吗?

那就得看在什么意义上来说有用和无
用了。这些大树,从成材的意义上说是无
用的,而从保全生命、尽其天年的角度则确
实行!反过来,那些栋梁之材,固然被人认
为有用,但生命都失去了,站在它们自身的
立场上,这些"有用"有什么用呢?

庄子站在生命本位的立场上,提出了
与世俗所谓有用、无用不同的判断。这有
理论上的原因,很大程度上也与那个生命
时时刻刻处在危险中的时世有关。现实是
残酷的,宋国有一个叫荆氏的地方,那里树
长到手可把握的大小,就有人将其砍去做
拴猴子的木桩;长到三四围粗,就被砍去充
当栋梁;长到七八围粗,就可以做整体的棺
材了。真是无有孑遗啊!

同与异

自其异者视之，肝胆楚越也；自其同者视之，万物皆一也。

（《德充符》）

译文：

　　从差异的一面看，肝和胆相距就像楚国和越国一样远；从相同的一面看，万物都是一样的了。

庄子对于人的主体地位,有强烈的自觉意识。如果你站在自己一方看待他者,那么当然你正确,而对方错;但你换一个立场来看呢?别人也会认为他是正确的,而你是错的。

这说明,世间许多事,其实要看从什么角度来观照。上面这句的意思大抵如此。

比如一味从差异的角度看,那么即使是非常相似的双胞胎,也能分辨出细致的差异;专门从相似的角度来看,则人们常常会说:你孩子和你太像了!但我们都知道,即使最相像的父子,也不会比双胞胎的相似程度更高。

庄子的这个说法,不仅对诉诸头脑的分析有意思,而且可以给诉诸心的情绪以安慰。宋代的苏轼与友人泛舟赤壁,客人感叹美好月光流逝,生命短暂;苏轼的劝慰之言即脱胎换骨于《庄子》:"自其变者而观之,而天地曾不能以一瞬;自其不变者而观之,则物与我皆无尽也。"(苏轼《赤壁赋》)从变的角度来看,一切都在变化,天地也没有一刻停止过变化,否则如何有沧海桑田呢?从不变的角度来看,则我们与万物一样,都没有终结,我们不是都存在于天地之间么?

静故了群动

人莫鉴于流水而鉴于止水。

(《德充符》)

注释：

　　鉴：照镜子。

译文：

　　人不能将流动的水当镜子照，而只能将静止的水当镜子照。

水是人类文明所必需的，人们从水中不仅汲取了生命的养分，而且在精神上也获得了丰富的启发。所谓"知者乐水，仁者乐山"（《论语·雍也》），是有道理的。老庄在儒家看来，无疑属于智者而非仁者，他们对水便极青睐。

老子从水里面，获得了对宇宙大道的体悟。老子将世界分析成相反相成的两方面，而"反者道之动"，万事万物都是向着自己的对立面演变的。比如草木刚生长出来的时候是柔脆的，而到了最后则变成枯槁的样子。因此，老子的主张是站在柔下的位置，顺应着事物的变迁，自然会走到强大的地步去。于是，他将水看作这一趋向的最好象征："天下莫柔弱于水，而攻坚强者，莫之能胜。"（《老子》第七十八章）

水滴石穿，不就是如此的吗？

庄子关注到静止的水而不是流动的水，他注意到只有静止的水才能映照影像，而流动的水波光荡漾，一切都在移动，无从把握。这是一个日常经验，然而具有深切的意味：只有如同静水那样波澜不兴、略无偏执的心灵，才能了悟世间种种情状。

政治宗教文学中的镜子

> 鉴明则尘垢不止，止则不明也。久与贤人处则无过。

(《德充符》)

注释：

鉴：镜子。

止：存。

译文：

镜子明亮，就没有落上灰尘；如果落上灰尘，就不明亮了。长久地和贤人相处，就不会犯错误。

镜子在中外文化中都有清晰映照的意思。法国司汤达的小说《红与黑》中曾以镜子为喻,说明文学对生活应该如实呈现,既照见蔚蓝的天空,也映现泥泞的道路。中国先秦时代关于镜子的比喻就不鲜见。庄子则在镜子的比喻中谈到了尘垢,如果要镜子明澈,就得不让它沾染灰尘,有灰尘则不能明晰映照了。镜子和灰尘结合一处作喻,在后世的思想传统里面也屡见不鲜,比如禅宗就以之喻指修行的重要,《坛经》中记载了北宗六祖神秀的诗偈:"身如菩提树,心如明镜台。时时勤拂拭,莫使染尘埃。"偈中以明镜喻内心,希望时时拂拭染上的灰尘,保持它的清净。

以镜子的明鉴,来比喻贤人的映照作用,在后世也有很著名的例子,或许就是从庄子这里学去的。唐太宗在著名谏臣魏徵故去之后曾说:用铜做的镜子,可以照着端正自己的衣冠;以古代史实为镜子,可以了解世道的兴衰;以贤人为镜子,可以知道自己的正误得失。现在魏徵逝世了,我便失去一面镜子了!("以铜为镜,可以正衣冠;以古为镜,可以知兴替;以人为镜,可以知得失。我常保此三镜,以防己过。今魏徵殂逝,遂亡一镜矣。")

第二眼的美

德有所长,而形有所忘。人不忘其所忘,而忘其所不忘,此谓诚忘。

(《德充符》)

注释:

所忘:所应当忘记的,即形。

所不忘:所不应当忘记的,即德。

译文:

如果有过人的道德,就会使人忘记他形体上的缺陷。人如果不忘记他应当忘记的(形体),却忘记他不应当忘记的(德性),这才是真的忘记。

人的形貌是天生的，一般情况下，不会有很多改变的可能。然而人的内在修养，自己却可以做很大的主。这两方面表现于外：一是容貌的美，一是气质的美。容貌的美是第一眼的，气质的美是第二眼的。最初的印象，无疑是容貌的美具有压倒性的力量，人皆有爱美之心，这个"美"主要是容貌形质的。然而逐渐地，气质之美潜移默化地愈来愈透露出魅力。

　　卫灵公喜欢的人弯腰驼背，没有嘴唇，头颈还长了大瘤子（《德充符》"闉跂（yīn qǐ）支离无唇""瓮㼜大瘿（yǐng）"）。如此形象，说一眼就会喜欢，绝对没有可能，可以肯定的大约只是骇怕，甚至厌恶。然而，逐渐取得国君的喜好，靠的是内在的德性。"德"，既是"德性"之义，同时"德"者，"得"也，是指人内在地得自于"道"的那部分。得自"道"的"德"，是真正应该把握的，应该牢记不忘的；外在的那些东西，倒是不该或者干脆就不必记住的。

　　喜欢丑陋者的内在，淡忘其外在，一个前提是其确实拥有内在的胜人之处，即是其"德"真"有所长"。否则，你让我在忘记了外形的丑陋之后，记住什么呢？

不可以留意于物

其耆欲深者，其天机浅。

(《大宗师》)

注释：

　　耆欲：耆，通"嗜"，耆欲即嗜欲，贪求欲望。

　　天机：体会自然之道的根性。

译文：

　　那些贪求欲望太深的人，他们的自然根性就浅薄。

天机,乃是合乎天道的自然本性;在庄子看来,它与人的种种欲望构成尖锐对立。欲望引发的一连串冲动和追求,会破坏人性本来的自然状态,失去平衡。其实所需有限,渴望获取的却远远超过了可以接受的程度,庄子曾形象地点出:"鹪鹩巢于深林,不过一枝;偃鼠饮河,不过满腹。"(《逍遥游》)

一旦主要的精神消耗在这样向外的追求之中,那么生命本身的滋养便成为问题:天机浅,就是指的这个意思。庄子对于无限的知识追求也不赞成(《养生主》),毕竟知识的积累未必就会使得智慧增加,所以蓬头垢面而读诗书的人,不会是他所欣赏的形象。在物质上,我们看到过满屋珍奇,珠光宝气,人却被逼得不能插足的所谓收藏家,这可谓人为物役了。

苏轼是宋代的全才人物,他喜好书画,碰到喜欢的,总会收一些,但如果被人取去,也不怎么当回事,并不痛感可惜,"譬之烟云之过眼,百鸟之感耳"(《宝绘堂记》)。他非常清楚:"君子可以寓意于物,而不可以留意于物。寓意于物,虽微物足以为乐,虽尤物不足以为病;留意于物,虽微物足以为病,虽尤物不足以为乐。"

人都有欲望,对欲望,如同苏轼之于物,不可"留意",也就是不可"深"。这叫做保有"天机"。

相忘于道术

泉涸,鱼相与处于陆,相呴以湿,相濡以沫,不如相忘于江湖。

(《大宗师》)

注释:

呴(xǔ):嘘吸。

濡:润湿。

译文:

泉水干涸了,鱼儿们一同困处在陆地上,用湿气互相嘘吸,用口沫互相润湿,虽然亲密友爱,却不如在江湖里逍遥自在、互相忘却的好啊。

"相濡以沫"，在今天无疑具有正面的意义。庄子对此，并无异议；他能细致观察身处危险境地的鱼儿们的动作和情谊，简洁贴切地将它们传达出来，没有悲天悯人的同情心，是难以想象的。

然而，庄子不同常人之处，或许正在平常人仅抱着一种想法的时候，他却能有异乎寻常的感受。这种感受源于他超乎时流的立场。庄子从世界万物的本然状态考虑：鱼就应该生活在水中，在水中它们才能悠游自在；脱离了水，就是脱离了生命的自然状态，就是一种生存状态的扭曲。因而，鱼儿在陆地上，无论怎样互相支持，努力求生，终究是可悲的。

回到人世，《庄子·知北游》引述了老子的话，这番话原见于《老子》第三十八章："失道而后德，失德而后仁，失仁而后义，失义而后礼。"仁义，在儒家的思想世界中，具有无可置疑的正面价值，但是老、庄等道家则尖锐指出：仁义不过是丧失了真正道德之后的次一等境界，当真正的道德尚存世间的时代，仁义是没有必要的，就如同鱼在水中的时候，相濡以沫的相互关切是没有必要的一样。

仁义之类正面价值是不需要的，那么善恶的分别也就不必要。所以庄子接着就说："与其誉尧而非桀，不如两忘而化其道。"圣人尧和暴君桀之间，就不必加以轩轾了，应该忘却两者，而同归于道。

归于道，则如鱼回归水，"鱼相忘乎江湖，人相忘乎道术"。

最能代表庄子观念的形象

南海之帝为倏,北海之帝为忽,中央之帝为浑沌。倏与忽时相与遇于浑沌之地,浑沌待之甚善。倏与忽谋报浑沌之德,曰:"人皆有七窍以视听食息,此独无有,尝试凿之。"日凿一窍,七日而浑沌死。

(《应帝王》)

注释:

倏、忽:"倏忽"是敏捷迅速的样子。

时:时常。

译文:

南海的帝王是倏,北海的帝王是忽,中央的帝王是浑沌。倏和忽时常到浑沌所在的地方相会,浑沌对他们很好。倏和忽就打算要报答浑沌的恩情,商量说:"人都有七窍来看、听、饮食、呼吸,只有浑沌没有,我们试着给他凿开七窍吧。"于是他们每天给浑沌凿开一窍,到了第七天,浑沌就死了。

浑沌的寓言，充分表达了庄子的许多基本思想。

首先，浑沌形象体现了整全一体的意旨，它不是分裂的，不是支离破碎的，这是庄子有关世界原初状态的象喻。

其次，"倏"、"忽"的意思是迅速快捷，暗示着时光的流逝；在时间的维度中，世界流变不居，也是庄子等古代哲人一再思考的问题。

再次，随着时光流逝，整全的世界发生了分裂，这一分裂，宣示了本初状态的结束，宣示了浑沌本性的死亡；这七天，不是创造世界的七天，而是毁灭的七天。

复次，庄子对以分析的态度面对世界持批评立场——无论这种分而析之，是倏、忽二位这样"日凿一窍"的行为，还是如惠施、公孙龙等名家知性上的精神活动；相反地，应该以与万物会通的态度，直面世间万物的缤纷多彩。

最后，以"人皆有七窍"的一般状况，要求一切事物，并且不顾万物各自的品性，将单一面貌强加于人，也是庄子所不能接受的。比如庄子就曾批评惠施以能盛水作为衡量葫芦的唯一标准，那超过一般尺度的大葫芦，何以不凭之浮游江湖之上呢？

如果要选一个最能代表庄子观念的形象，我很可能投"浑沌"一票；如同对老子，我会投"水"一票。

大事不糊涂

小惑易方,大惑易性。

(《骈拇》)

方:方向。

译文:

小的迷惑,只会搞不清东南西北;大的迷惑,却会使性情错乱。

有一种人，所谓"小事犯迷糊，大事不糊涂"。这种人出门可能丢三落四，总迷路；但在大的选择关头，在人生的重要岔路口，却能瞻前顾后，做出恰当的选择。

照庄子的说法，这样的人属于"小惑"，而非"大惑"。"小惑"迷失的是方向，"大惑"迷失的则是根本，是本性。林中归鸟认得还巢的路，是不犯"小惑"，而"鸟为食亡"，则是陷于"大惑"。

能无"大惑"，得有过人的智慧。陶渊明可以算一个。他也曾出仕，奔走宦途。然而，他最终"实迷途其未远，觉今是而昨非"（《归去来兮辞》），省悟到自己"少无适俗韵，性本爱丘山"（《归园田居》其一），在本性上是喜好自然而不是喧嚣的官场，于是毅然抽身而退，在田园中寻得安身立命之所。陶渊明正是"大惑易性"的反面。

人世间有许多这样的情形：一个并无世俗意义上辉煌成功的人，或许是真正把握了自己的本性而无"大惑"的人；而一个事事算计得极清楚，似乎步步走得都很聪明的人，或许正身困大惑之中而不觉，大步走在背离自己本来真性的大路上。

舍生取义对吗

小人则以身殉利;士则以身殉名;大夫则以身殉家;圣人则以身殉天下。故此数子者,事业不同,名声异号,其于伤性以身为殉,一也。

（《骈拇》）

注释:

小人:庶民,普通民众。

殉:牺牲。

译文:

庶民为了利益而牺牲自身,士为了名誉而牺牲自身,大夫为了家族而牺牲自身,圣人则为了天下而牺牲自身。所以,这些人虽然所从事的功业不同,名声也各异,但他们都伤害自己的本性,牺牲自身来追求其他的东西,就这一点来说却是一样的啊。

在现世，庄子最关切的是人的生命，是能保守自己的天性，是可以从容地安度天年，不夭折也不妄图延续永久。

然而，在生命的途程中，总有许多诱惑发生，总有许多义务要尽，于是便有许多的选择等待着我们。发生的具体问题常常是不同的，而且此一问题对一类人是一个难题，对另外一类人或许根本不算什么。比如所谓"利"，斗筲（shāo）之辈汲汲以求，至于圣人，自然不会为了蝇头小利而失去方向，以其所挟持者高远。但是大有大的难处，任何人都有其限制，他面对自己在意的"天下"时，便往往会与"小人"为利一样，做出丧生的选择。

或许，圣人对为天下而丧生，有着清楚的自我意识，这是他主观抉择的结果，与小人之不由自主奔忙利益招致丧亡有所不同。孔子说过："志士仁人，无求生以害仁，有杀生以成仁。"（《论语·卫灵公》）孟子也表达过："生，亦我所欲也，义，亦我所欲也；二者不可得兼，舍生而取义者也。"（《孟子·告子上》）显示出非同一般的气概。

然而，庄子要问：这就对了吗？无论为了什么，最终都是丧失了现世中最可宝贵的生命，圣人与小人在"伤性以身为殉"一点上，不是一样的吗？

偷多偷少都一样

天下尽殉也：彼其所殉仁义也，则俗谓之君子；其所殉货财也，则俗谓之小人。其殉一也，则有君子焉，有小人焉。

（《骈拇》）

译文：

　　天下的人都为了某种目的而牺牲自己：如果他为了仁义而牺牲自身，世俗就称之为君子；如果他为了宝货钱财而牺牲自身，世俗就称之为小人。他们在牺牲自己这一点上并无不同，却有所谓君子和小人的差别。

既然都是"伤性以身为殉",犯的错在根本上是一致的，那么，何必轩轾其间呢？

仁义、货财之间的差别，是一般世俗观念所做出的，似乎追求的目标有此高尚而彼低下之异，所以君子、小人便有了不同的名号。其实，有必要吗？就好比都是犯了偷窃罪，一定要在偷窃中分出这位偷的是钱币，那位偷的是黄金，又有多少意义呢？偷窃都是将不属于自己的东西占为己有，或许偷得的东西价值有高低，但你能说因为这位偷的东西比那位少了两百元，就不是偷了吗？

庄子给出的例子是伯夷和盗跖(zhí)。伯夷原来是孤竹国的王子，认为周武王讨伐暴君商纣的行为是以下犯上，所以去拦挡武王的马头，没有成功，于是坚持原则，义不食周粟，最后饿死在首阳山；盗跖则率"九千人，横行天下"，"驱人牛马，取人妇女"（《庄子·盗跖》），是一个著名的大强盗，最后死于东陵。他们之间有为"义"和为"利"的不同取向，但都是为自己所追求的东西而死，都是在追求中迷失了自我的根本。

如果真有阴间，伯夷大约不会认盗跖为同道，但估计盗跖会引伯夷为同志，因为他也是讲"圣""勇""义""智""仁"的。

盗亦有道

跖之徒问于跖曰："盗亦有道乎？"跖曰："何适而无有道邪？夫妄意室中之藏，圣也；入先，勇也；出后，义也；知可否，知也；分均，仁也。五者不备而能成大盗者，天下未之有也。"

（《胠箧》）

译文：

盗跖的徒众问盗跖说："盗贼也有自己的道吗？"盗跖回答说："世上哪里没有道呢？能够以自己的心智揣测屋里的宝物，这就是圣；行动时率先进入，这就是勇；撤退时断后离开，这就是义；能够判断情势，决策可否，这就是智；分赃均等而不偏私，这就是仁。以上五种品质不具备而能够成为大盗的人，是没有的啊。"

强盗也有"道"？也讲"圣""勇""义""智""仁"？这真是惊世骇俗、耸动视听之言！

然而，这其实并不奇怪。"道"原来就可以有许多的理解，诸子各有其"道"。

唐代的文章大家韩愈有一篇重要的复兴儒学的鸿文叫《原道》，开篇就说："博爱之谓仁，行而宜之之谓义，由是而之焉之谓道，足乎己无待于外之谓德。仁与义为定名，道与德为虚位。"他明确指出"道"指循此而行的路径，"德"是不必从外边援引进来而内在就秉有的，两者是所谓"虚位"，内里可以充实不同的意义进去；而"仁"之谓"博爱"，"义"乃合理的应当行为，它们则是有特定意谓的，体现了儒家的观念。

既然"道"、"德"是"虚位"，可以内置不同的价值，何以儒家可以用，道家可以用，而"盗"就不可以用呢？盗跖讲的所谓"圣""勇""义""智""仁"，虽然利用的似乎是儒家名号，但都与"盗"的行为过程密切结合：知道在哪里能获得利益，身先士卒打头阵，撤退时把安全让给同伴把危险留给自己，明白事情能否成，分赃公平均等，可谓集如何做一个"大盗"的经验之大成。庄子的辛辣机智于此毕现，同时也启发我们考虑一个问题：

一般所谓的正面的价值，真的始终具有正面的用处吗？

坏人用了好玩意儿

善人不得圣人之道不立,跖不得圣人之道不行。天下之善人少而不善人多,则圣人之利天下也少而害天下也多。

(《胠箧》)

　　好人不具备圣人之道,就不能立身;盗跖不具备圣人之道,就不能横行。天下的好人少而坏人多,这样看来,圣人对天下有益的时候少,而祸害天下的时候多了。

圣人治理天下的理念,以及随之建立起来的制度,在历史上自然具有正面的意义。然而,这些东西正如老子所谓,是"国之利器";既然是"器",则人人得以用之。

我们已经看到盗跖利用圣、勇、义、智、仁等儒家推崇的价值,总结概括了作为大盗的经验。这岂不说明圣人之道,有益于善良人民生活的同时,大盗也可利用来达到自己的目的。"圣人之道",庄子看来只是"器",其正面或负面的意义,要看运用者如何。世间的许多设想、制度,多是如此,它们可以提供一个行为的原则和保证,但同样的行为,在不同目的指引下,完全可能具有不同的意义:一条宽阔的大道,可以提供救火车迅速驶过,也可以让坏人很快跑掉。

庄子对"圣人之道"提出另一侧面的观照,坏人可能用了好玩意儿,好玩意儿帮了坏人的忙。你想,如果没有那套儒家的价值范畴,盗跖得花多少脑筋来提炼自己的经验啊! 庄子还举了一个日常生活的例子,人们为了防止偷窃,往往将箱子、柜子锁牢捆紧,这当然没错,但来了大盗,连锅端的主儿,他倒唯恐你锁得不牢,捆得不紧。正因为原来弄得好,才造成更坏的后果。

庄子进一步指出,因为天下好人是少数,而坏人是多数,那么坏人利用"圣人之道"的概率,要大大超过好人,故而整体而言,"圣人之道"对天下是利少弊多的。

这里,透露出庄子对人的悲观,与儒家比如讲"性善"的孟子截然有异。

大盗的两手

窃钩者诛,窃国者为诸侯,诸侯之门而仁义存焉。

(《胠箧》)

注释:

钩:带钩,用来束紧腰带的部件。

译文:

偷了一只带钩的,就要被砍头;偷了整个国家的,却能做诸侯。诸侯的门庭,正是仁义存在的地方啊。

前面提到的那个将箱柜连锅端的故事,已经提示我们,有大盗、小盗之别。

小盗是偷带钩之类玩意儿的,而大盗竟至于偷盗整个国家。这不是庄子的寓言,而是他亲眼所见的惊心动魄的历史。

齐国是当时的一个大国,村落相望,鸡犬之声相闻,人民渔牧耕织,宗庙社稷乃至行政组织,秩序井然。然而齐国大夫田氏专权篡位,经过数代之后,完全取原来的齐国国君而代之,虽然其行径犹如盗贼,而"身处尧舜之安,小国不敢非,大国不敢诛",就这样将齐国连锅端了。看齐国国内,一切照旧,生活、社会和政治格局未见动荡,田氏将原来的政治架构完全继承下来。庄子一针见血地指出:这是将齐国及其"圣知之法"一并窃取了。

这时,"圣知之法"成为窃国者最有效的工具,而且,可以想见,盗取别人国家的人,还会继续标榜那些价值,比如忠、义之类。后代历史中,改朝换代后,新朝对于忠于前朝、曾竭力反对新朝的人仍给予一定的尊重乃至表彰,便是此类表征。这时候,"忠"之类的价值,不再具有现实的危险,而可以成为维护体制及其政治合法性的利器,是展开在赤裸裸的暴力拳头旁边的另一只手。

这就是"诸侯之门而仁义存焉",权力掌控了道义,道义与权力合媾一处了。

最好的统治者是感觉不到的

君子不得已而临莅天下,莫若无为。

（《在宥》）

庄子头脑中，最好不要去担当高高在上的统治者角色。《逍遥游》里面，尧要将天下交给许由，许由坚决推脱了，说：你已经治理得不错了，我就不必越俎代庖了吧。在自己的生活中，庄子也谢绝了楚王请他任相的邀请，宁愿在泥塘边钓钓鱼。(《秋水》)

如果不得不出来做事，怎么办呢？"无为"。这"无为"并不是说一切都放下，什么也不干的意思，而是指能依循着世间事物自然的变化消长，而不强为、不妄为。揠苗助长，就是妄为、强为。柳宗元有一篇文章，讲一个姓郭的驼背很会种树，他的诀窍不过是让树的根须舒展开来、培土要均匀之类，种完之后就调头不顾了，不再去妨害树的自然生长，让它的天性得以保全。(《种树郭橐(tuó)驼传》："不害其长而已。""其天者全而其性得矣。")郭橐驼深得"无为"之三昧。

道家在政治上一贯主张"无为"，《老子》五千言便反复致意于此，诸如"圣人处无为之事，行不言之教"(第二章)，"为无为，则无不治"(第三章)，"爱民治国，能无为乎"(第十章)，"圣人云我无为而民自化"(第五十七章)。这些与庄子的表述一脉相承。

奉行"无为"的政治原则，其最高的境界乃是下面被治理、被统治者感觉不到统治者的存在；敬爱而赞美统治者的，已然等而下之；至于畏惧或轻侮统治者的，更不足论了。(《老子》第十七章："太上，下不知有之。其次，亲而誉之。其次，畏之。其次，侮之。")

工具与机心

有机械者必有机事，有机事者必有机心。

（《天地》）

注释：

　　机心：机巧之心。

译文：

　　有机械，就有了技巧；有了技巧，就有了机心。

人类进化过程中，一个重要的里程碑就是制造和使用工具，人们不再是赤手空拳打天下，应付种种外在的威胁和生活的难题。然而，在《庄子》中有一个人却反对新工具的使用。孔子的弟子子贡有一次经过汉水南岸，看到一个老人正在灌溉菜园。他开隧道通水井，抱着瓦罐来浇菜，看他很吃力，收效却很小。子贡就向他推荐用力少、收效大的抽水机械，用木头砍凿而成，前面轻，后面重，水可以抽得很快。老人听了之后，非但没有感谢子贡，反而忿然变色，指责子贡说：运用机械乃是机巧之事，有了机巧之事，必定有机巧之心；内怀机心，那么心中就不再纯真质朴，于是精神不宁，那么怎么承载得了大道呢？我不是不知道运用机械，而是以之为羞而不那么做罢了！("有机械者必有机事，有机事者必有机心。机心存于胸中，则纯白不备；纯白不备，则神生不定；神生不定者，道之所不载也。吾非不知，羞而不为也。")

　　从实际表现上看，老人确实是排斥机械的，但他的话也很明显地表明，他是醉翁之意不在酒，反对的根本原因不在机械，而在因为要使用机械便会生出机心，使得本性就此扭曲。

　　因此，庄子宁可劳力，而不愿劳心。

朴素之为美

朴素而天下莫能与之争美。

(《天道》)

译文：

　　质朴本初，天下没有比这更美的了。

"朴素"这个词很平常,看上面这句话,或许会理解作:简单平淡就是最美的。这么解释当然难说就是错,不过,还不是庄子真正的本意。不妨问一下:老虎身上的斑纹,很是繁复,这算美吗? 其实,这里所谓"朴素",不应当从朴素简淡的美学风格上去理解。

　　这要从"朴"、"素"本来的意思说起。这里的"朴",指未经砍伐加工之木,东汉王充的《论衡·量知》有解释:"无刀斧之断者谓之朴。""素"则是未曾染过的布帛,现在说"素面朝天",就还是这个意思,指没有涂抹妆饰。那么"朴"和"素"合在一起,成为一个词,它们之间的共同点构成了"朴素"的真正意旨,即保持了本来性状、未经装点改易。

　　这层意思,《庄子·天地》篇有一个譬喻讲得清楚而精彩:百年的大树被剖开,一部分做成祭祀时的尊贵酒器牺尊,且涂饰得色彩青黄斑斓;其余部分则被抛弃沟壑;这两者,在世俗的眼光看来,或许有美丑高下之区别,但在丧失其本来性状上则是一般无二的。("百年之木,破为牺尊,青黄而文之,其断在沟中。比牺尊于沟中之断,则美恶有间矣,其于失性一也。")

　　很清楚,庄子心中,至高的不是美,而是保守本性的纯真,美是本性之真的结果。那么,老虎的斑纹天生如此,庄子一定也可以颔首认可其美,而不会强指为丑的。

书还要不要读

君之所读者，古人之糟魄也夫！

（《天道》）

注释：

　　糟魄：糟，酒糟。魄，烂食。糟魄，即糟粕，比喻废弃无用之物。

译文：

　　国君您读的，是古人的糟粕啊！

庄子对言语表达精微意义的能力，一直持怀疑态度。他在《秋水》篇中，已经明确表示了言语之类对"道"是无能为力的，只有对现实世界中属于"物之粗"的部分，言语才有效，"物之精"那一部分，主要靠意想（"可以意致"）。

　　"物之粗"，我们都可以理解，便是实实在在、具体可感的对象。那么"物之精"是指什么呢？且看下面这个故事。

　　一次，国君桓公正在殿堂之上高声读书，名叫扁的做车轮的工匠，放下手头的工具，走近桓公问："您所读的是什么呢？"桓公答："圣人的言论。""圣人还在世吗？""过世了。""那么您读的都是古人的糟粕啦！"桓公生气了："寡人在读书，你一个做车轮的匠人，怎么可以乱议论！说出道理就罢了，说不出理由就得论死罪。"轮扁于是回答道："我就以我从事的工作来说吧。砍斫（zhuó）车轮，榫（sǔn）头如果宽松就不牢固，如果紧密就难以插进去，要正正好好，手上有那么的感觉，心里明白，却没有办法说出来，这里面确实有分寸、有技巧（"得之于手而应于心，口不能言，有数存焉于其间"），但我没法告诉我的儿子，我儿子也无法从我这儿领受到，所以我现在七十岁了，还在这儿斫轮子。古时候的人过去了，他们那些不能传达的东西也过去了，您读的这些都是古人的糟粕啊！"

如果轮扁只是在谈论车轮如何如何，那尚属"物之粗"。但他谈论的是斫轮的技巧分寸，虽然也是言语无法充分传达的东西，却可以由手上的实践功夫逐渐体会，心领意致，这正是所谓"物之精"。技艺虽然高妙，但还不是"道"，它面对的还是"物"的世界。

回到桓公，庄子没有告诉我们他是否接受了轮扁的言论。或许他就此抛下书本，跟着轮扁去学斫车轮了，文惠君从庖丁解牛中领悟养生之道，桓公或许也会领悟些什么吧？

西施之颦为何美

西施病心而颦其里，其里之丑人见之而美之，归亦捧心而颦。其里之富人见之，坚闭门而不出；贫人见之，挈妻子而去之走。彼知颦美而不知颦之所以美。

（《天运》）

注释：

颦：皱眉的样子。

捧心：抚着胸口。

挈（qiè）：带领。

妻子：妻子和孩子。

译文：

西施因为病心而皱着眉，和她同乡的一个丑女看见了，觉得很美，回来以后也按着胸口，皱起眉头。村里的富人看见她的丑态，紧紧地关上大门不敢出来；穷人看见她的丑态，带上老婆孩子走得远远的，不敢接近她。她虽然知道皱眉很美，却不知道皱眉为什么美啊。

"朴素而天下莫能与之争美"(《天道》)，保守天然本性就是美，由此，就可以真正理解东施效颦故事的意思了。

西施之颦之所以美，其实不在她是美人因而一切皆美，而是因其"病心"，这是出自真"心"的。而东施效颦之所以丑，也不是因为她原本就丑，而是她并未"病心"，故而其颦非出本心，纯属模拟造作。东施一意追求世俗所认同的美，矫揉伪饰，导致丧失了自己的本真。可以设想，如果西施没有"病心"而"颦"，恐怕庄子也会笑话美人的吧。

这种违逆自己本性，而盲目认同并追逐世间一般价值的作为，是庄子一贯讥讽的。那个有名的"邯郸学步"的故事，也不妨从这个角度去理解：燕国寿陵地方的一位年轻人，到赵国的邯郸去学那里的步态，结果没学好新的，原来走路的步法也忘了，只好爬回老家去。(《秋水》："独不闻夫寿陵余子之学行于邯郸与？未得国能，又失其故行矣，直匍匐而归耳。")这不也是失其本来固有的结果吗？

其实，"颦"不过是形迹，效颦是东施错误的外在表现，如果要以庄子口气来批评的话，那该是"东施效心"。

给猴子穿衣服会怎样

水行莫如用舟,而陆行莫如用车。以舟之可行于水也,而求推之于陆,则没世不行寻常。

(《天运》)

注释:

没世:终生。

寻常:八尺为"寻",一丈六尺为"常",这里形容很短的距离。

译文:

在水中运行,没有比船更好的工具了;在陆地上运行,没有比车更好的工具了。如果因为船能在水中运行,就想要也在陆地上开船,那么终其一生,也是无法使其移动多少的。

120   庄子百句

现实中恐怕没有人会推舟于陆,行车于水;果然如此,"没世不行寻常"还是好的后果,大不了步蜗牛后尘罢了;车入水中,那叫做灭顶之灾,只有在飞车追逐的电影里面能看到吧?

我们看这字面,大致是说一定的行为要符合一定的条件,违反外在条件的特点和限制,勉强去做,是不会有成效的。而庄子的本意,是以此批评儒家的治世观点。孔子希望损益三代,师法先王,克己复礼,重整当时礼崩乐坏的世态。而在庄子看来,过去的世界,即使是黄金时代,也与现在相隔甚远,犹如水、陆之不同,如果要将周礼实行于当今孔子的故乡鲁国,结果大约也就是推舟于陆、行车水中之类了。("古今非水陆与?周鲁非舟车与?今蕲(qí)行周于鲁,是犹推舟于陆也,劳而无功,身必有殃。")庄子提出,所有治世的礼义法度,都应该"应时而变",与时俱进。你取来古代圣人周公的衣服,给一只猴子穿上,猴子会高兴吗?它一定拼命挣扎,撕咬拉拽,全部脱去而后快。

庄子形容得生动,旧礼义不能实施于今世的道理也讲得分明;不过,有趣的是,就这里来看,庄子似乎只反孔子,不反周公,他也认同周公的一套礼义制度还是不错的,只是现在的时代真不是人世,而只是动物界了。

形和神需要放松

形劳而不休则弊,精用而不已则劳,劳则竭。

(《刻意》)

注释:

弊:疲倦。

精:精力。

译文:

形体持续地劳作而不休息,就会疲倦;精力持续地运用而不停歇,就会辛劳,而辛劳就会衰竭。

道家高度重视生命的保养，而生命的基本层面可以分为形与神。在形、神两方面，都不应该过于劳苦。

　　关于前一方面，《庄子·达生》篇有一个故事，形容得很生动。东野稷善于驾驭马车，他去见鲁庄公，马车的进退笔直如走直线，转弯也很完美，轨迹如同圆规画出来的那么圆。鲁庄公看了很是惊叹，以为堪称古今第一，于是请东野稷驾车再多打几个转。颜阖见了，就对庄公说：东野稷的马就要不行啦！庄公不以为然，没做声；不一会儿，果然不行了。庄公问颜阖：你怎么知道的呢？颜阖说：马已精疲力竭了，还要强求它，自会不行的。

　　至于精神方面，也是如此。在西方，有所谓闲暇是思想的温床之说。在中国，南朝齐梁年间的刘勰写了一部中国古代最为系统的文论著作，其中谈到文学创作这一精神活动的时候，就特别强调不能精神疲竭紧张，而应该在从容轻松的状态下进行。(《文心雕龙·养气》："从容率情，优柔适会。")历史上虽有所谓苦吟诗人，似乎是一个相反的例子，但往往用力费神极大，所得却有限，比如唐代的贾岛为"独行潭底影，数息树边身"，"两句三年得，一吟双泪流"。苦吟诗人终究不能是主流吧。

　　现代社会中，形神身心的双重保养，仍是一个重要的问题，甚且更其突出。越是辛劳，越要放轻松，"闲暇"不是已引起人们高度关注了吗？

纯粹的快乐植根于性命

古之所谓得志者，非轩冕之谓也，谓其无以益其乐而已矣。今之所谓得志者，轩冕之谓也。轩冕在身，非性命也，物之傥来，寄也。

（《缮性》）

注释：

得志：适意自得。

轩冕：轩是车子，冕是冠帽。轩冕指荣华富贵，厚禄高位。

傥(tǎng)来：出乎意外得来，忽然而来。

缮性：修治本性。

译文：

古人所谓的适意自得，并不是指拥有权势富贵，不过是说极为快乐罢了。现在所谓的志得意满，却正是指拥有权势富贵。要知道权势富贵虽然为我所有，却并非自己的性命，只不过是出乎意外而获得的东西，偶然寄托在自己身上而已。

李白有诗云："人生得意须尽欢。"（《将进酒》）他所谓的人生得意，或许是得以施展平生政治抱负，"为君谈笑静胡沙"（《永王东巡歌》十一首其二）；或许是飞升道家仙境，"霓为衣兮风为马，云之君兮纷纷而来下；虎鼓瑟兮鸾回车，仙之人兮列如麻"（《梦游天姥吟留别》）。诗仙的快乐是有缘由的，而这缘由，在庄子看来，或许并不真正值得快乐：庄子对于世俗的功业，不以为然；对于生命的长生久视，也认为是非自然。

世人看重的地位权势，庄子以为是偶然而来，也将偶然而去。《田子方》篇有孙叔敖的故事。肩吾问他：为何三次出任令尹又三次下任，却没有喜怒哀乐的表现？他回答说：这一切来的时候不可推却，去的时候不能挽留，得失都不由我作主，所以没有忧色，我有什么过人之处啊！（肩吾问于孙叔敖曰："子三为令尹而不荣华，三去之而无忧色。吾始也疑子，今视子之鼻间栩栩然，子之用心独奈何？"孙叔敖曰："吾何以过人哉！吾以其来不可却也，其去不可止也。吾以为得失之非我也，而无忧色而已矣。我何以过人哉！"）权势地位都不是性命本来固有的，是偶然而来的，是暂时寄于我身而已。

庄子倾心的是真正的纯粹的快乐，这种快乐植根于生命本身，植根于人的本性之中。能保全生命的本然，乃是最值得快乐的。这种快乐不会因为世俗所认可的种种外在价值而增减，这才是庄子所认可的"得志"。

巴黎发布的流行色

丧己于物，失性于俗者，谓之倒置之民。

(《缮性》)

注释：

倒置：被倒过来放，本末颠倒。

译文：

为了外物而牺牲自己，为了趋附世俗而丧失本性，这就叫做本末倒置的人。

倒置，就是颠倒过来的意思。"物"是相对"我"（"己"）而言的，"俗"则对立于"真"；丧失了自我，丧失了本真，便是颠倒。

在外物和自我之间把持不住重心所在，一味追逐外在的东西，而不能反躬自省，进而自珍，此类情况古今可谓多矣。"人为财死，鸟为食亡"，"财"与"食"便是这样的外物。试想，获取"财""食"的目的何在呢？不就是为了生存，为了生活得更自在些吗？然而竟然为了手段而丧失了目的，生命都失去了，"财""食"让谁享用呢？

世间流俗的观念对人们的左右力量，亦是非常之强大的，尤其现代社会，资讯的发达和充分流通，使得一般观念之流行远远超越以往。以往一个观念的大范围覆盖，需要很久的时间，而今"风生于地，起于青𬞟之末"，迅疾"盛怒于土囊之口"（宋玉《风赋》），效应也可以很大：巴西的蝴蝶煽动翅膀，纽约就会有一场暴雨。还有多少人能免于世俗的影响呢？而这样广泛流行的东西，有多少真正符合你的个性？比如巴黎发布的流行色，与东方人的体貌肤色乃至审美取向，契合度究竟几何？

问题不在差异，现代世界前所未有的丰富性，提供了欣赏差异的机会；问题是"见异思迁"，看到差异之后，不顾自己的情况，企慕追攀，丧失了自己的本真。

不要太有教养

井蛙不可以语于海者,拘于虚也;夏虫不可以语于冰者,笃于时也;曲士不可以语于道者,束于教也。

(《秋水》)

注释:

虚:通"墟",地域空间。

笃:限制。

曲士:执着于固有偏见的人。

译文:

井里的青蛙,无法让它理解大海,是因为它被生存的地域限制住了;夏天的虫子,无法让它理解冰雪,是因为它被生存的时间限制住了;固执于偏见的人,无法让他理解大道,是因为他被所接受的教育限制住了。

这是《秋水》篇中北海若开导自大的河伯的话。细加分析,是以两个比喻类推出一个结论。前两个分句是比喻,后一个分句是结论。对井蛙而言,"虚"即所居之井,就是它所生活的有限空间,由此而有了喻指识见狭隘、自鸣得意的成语"井底之蛙"。"夏虫不可以语于冰",突出的是"时"的维度。这两个分句,将空间、时间两个维度包揽无遗,透辟地指出"小知不及大知"(《逍遥游》)的缘由,根本在其生存的环境。

前两个分句相对"曲士不可以语于道者,束于教也",尚属铺垫性的譬喻。"曲士",乃识见寡陋偏执的人,《庄子》多次言及,如《天道》以"辩士"为"一曲之人",《天下》称"不该不遍"者为"一曲之士"。曲士之不能明道,是受到了他所接受的知识教养的限制——这是一个很可玩味的说法。通常理解,知识是正面的,但在道家看来,知识在肯定某些事物的同时其实也就在否定另外的一些事物,在给予的同时也便在剥夺:知识本身是对宇宙整全性的一种破斥。《天下》篇有一警语:"判天地之美,析万物之理,察古人之全,寡能备于天地之美。""判""析""察"云云,都是离散、分析的意思。对世间种种事物加以解释、条理以构成系统,这是知识的基本特征,而这正是《天下》所谓"判""析""察"。

这是不是一种简单的反对知识的观念呢?恐怕也不能这么说,《庄子》提出的警示是要知道知识的有限性,在照察一隅的同时,明了它对其他的方面或许存在盲视,尤其当你固执于自己的照察之时。相对于知识,教养具有更强烈的文化特性,而任何文化都不能放之四海而皆准。《逍遥游》说宋国有人到南方的越地去卖礼帽,但是越人的头发都是剪短的,纹身而裸体,礼服之类对他们完全多余。("宋人资章甫而适诸越,越人断发文身,无所用之。")宋人是殷商人的后裔,"章甫"乃是殷人的传统礼帽,对宋人而言乃毋庸赘言的文化表征,然而企图推销越地,那不能不说是反而受困于自己的文化认知了。

与庄子谈天

精粗者,期于有形者也;无形者,数之所不能分也;不可围者,数之所不能穷也。可以言论者,物之粗也;可以意致者,物之精也;言之所不能论,意之所不能察致者,不期精粗焉。

(《秋水》)

注释:

期:期许。这里引申为适合的评判方式。

不可围:没有边界,不可限量。

译文:

精细和粗大,只能用来评判有形有质的东西。至于微小到无形无迹的东西,是不能用数目来衡量分析的;巨大到不可限量的东西,也是数目所无法穷尽的。可以用言语来评论的,是那些粗大的东西;可以用意念去察觉的,是那些精细的东西;至于那些言语所不能评论、意念也察觉不到的东西,就不是能从精细粗大这样的角度来评判的了。

历来认为庄子对语言持很大的怀疑态度，取"言不尽意"的观点。

这么理解，一般而言是不错的，但绝对化，则也会有问题。比如，可以问：如果一切言语都不能真切表达主观意思，那么庄子如何与人进行交流呢？岂不是说了也白说吗？

其实，庄子的考虑要更精微。他对世上的事物有一个分析，一类是所谓"有形"的，一类则是"无形"的。无形的一类，正是不能精细把握的：有的很小，不可再分；有的极大，不可包围。简而言之，这些无形的存在，无法以语言加以描绘和把握。至于有形的一类，庄子进一步分为精、粗两类。"粗"的部分，庄子明确说是"可以言论"的；"精"的部分，则言语难以精确传达，不过"可以意致"，所谓"意致"，即是用意念活动加以把握。"精""粗"之类，对于"无形"的存在是没有意义的，"无形"超越精、粗之外。

那么，所谓"无形"和"有形"究竟何所指？《则阳》篇有一句话，很可以拿来作解释："言之所尽，知之所至，极物而已。"意为言语与知性能抵达的最远边际，即是"物"。在庄子的观念世界中，"道"与"物"是相对应而言的，《秋水》篇曾对举二者："道无终始，物有死生。""物"是这个世界中的现象，有生有灭；而"道"具有永恒性，超越生灭之外。于是，我们了解了，庄子的基本观点乃是：言语对于物质世界的现象乃至条理，是可以把握和传达的，而对于"道"则无能为力。

这样，如果我们有幸遇到庄子，至少，我们可以谈论具体的现实世界，比如天气，至于"道"，我们还是不谈为好，以免他又说出"道在屎溺"（《知北游》）之类的话。

我们站在大道上

以道观之,物无贵贱;以物观之,自贵而相贱。

(《秋水》)

译文:

从道的立场来看,世间万物齐同,无分贵贱;从事物自身的角度来看,万物都自以为贵而互相贱视。

庄子的思想世界中，"道"与"物"之间隔着鸿沟，它们属于不同的世界。

"道"是整全的，超乎个别的"物"之上，所以对于贵贱之类区别，并不执着，故曰："物无贵贱。"至于"物"，则是个别的、自我的，因而种种区别性的范畴，如贵贱、小大，作为确立自我的重要标志被突出；通常的情形是赋予自我更高的价值地位而加以肯定，同时对他者做出较低的价值评断加以贬斥，即"自贵而相贱"。

这样的情况在历史和现实中是很多的，比如百家争鸣的时代，有所谓"道不同，不相为谋"的说法（《论语·卫灵公》）。司马迁《史记·老子韩非列传》将孔子的这句话移来评说儒、道之争："世之学老子者则绌儒学，儒学亦绌老子，'道不同，不相为谋'，岂谓是耶？"这是可以想见的身处争论漩涡中的态度。而今天，人们津津乐道的，是中国文化传统中的儒道互补，它们共同构成中国文化的精神传统。

这么说，我们站在"道"的立场上啦。

尊重事物的千差万别

梁丽可以冲城而不可以窒穴，言殊器也；骐骥骅骝一日而驰千里，捕鼠不如狸狌，言殊技也；鸱鸺夜撮蚤，察毫末，昼出瞋目而不见丘山，言殊性也。

(《秋水》)

注释：

梁丽：房屋的栋梁。丽，通"欐"。

窒穴：堵洞。

骐骥、骅骝(huá liú)：都是传说中的千里马。

狸狌(shēng)：狸，猫。狌，黄鼠狼。

鸱鸺(chī xiū)：猫头鹰。

撮(cuō)：聚合、聚拢。

蚤：跳蚤。

瞋目：睁大眼睛。

世间事物千差万别,庄子虽然站在"道"的立场上,相信种种事物都有其存在的理由,在根本上是平等的,但他并不抹煞眼前的实际情形,他是承认事物之间的差别之表象的。

　　事物的差别,眼可见,手可触,重要的是在我们的心中,要有平等的心意。平等的意思是说,将它们都视作天地一体的部分,不必强加轩轾,站在某一个别而片面的立场去取此去彼。《秋水》中有一句话说:"知东西之相反而不可以相无。"东与西自然是相对的,有区别的,太阳从东边升起而后落向西方,不会相反。但虽然南辕北辙,两者又是相互依存的,没有东也就没有西。

　　既然应该平等视之,依循物性,各尽其能,才是合理的。"梁丽"之类,各有其长,也各有其短,关键在于你如何利用。《逍遥游》中,惠子说自己种的葫芦太大了,所以没办法盛水。庄子的批评是:你实在不会用大的玩意儿("拙于用大矣")!庄子建议将大葫芦缚在身上,借其浮力,漂游江湖之上。固执己意，大葫芦是无用的；而顺随物性本身，则不妨有大用。

世间万物，个性不同，平等对待，依循其性，各尽其能。此乃庄子面对纷纭事物的基本立场。

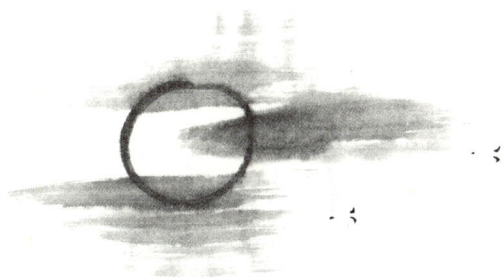

　　房屋的顶梁柱可以用来攻打冲击城门，而不能用来堵塞小洞，这说的是事物的功用不同；骐骥和骅骝日行千里，要论捉老鼠，却连猫和黄鼠狼都比不上，这说的是事物的技能不同；猫头鹰在夜里能够捉到跳蚤，能够看清毫毛的末端，到了白天却睁大眼睛也看不见大山，这说的是事物的本性不同。

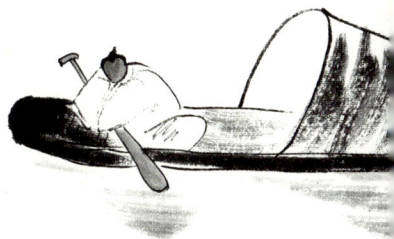

守道与权变

知道者必达于理,达于理者必明于权,明于权者不以物害己。

(《秋水》)

注释:

　　权:权变,顺应时势而变化。

译文:

　　领悟大道的人必定通达事理,通达事理的人必定明晓权变,明晓权变的人就不会让外物伤害到自己。

现在我们往往将"道"和"理"两个字连在一起,称"道理"。其实在古时候,两者之间还是有些差别的:"道"大致更高一层,"理"则稍落实些,比如可以讲"天道"来对应"物理",却很难将"天理"与"物道"对举了来讲。明白这点差别,"知道者必达于理"就好理解了:了解大的道理,那么具体的事理就一定可以明白。它说的也就是高屋建瓴,则一览无余的意思。

"达于理者必明于权"是讲:明白事理的人,定能依循种种条件而采取种种变通的办法。特别需要指出的是,"权变"不是当没有原则的墙头草,而是要在通达"道"与"理"的前提下,审时度势,有所变通,这是一个原则性与灵活性很好结合的高境界。孔子也曾表露过这样的意思,他说:可以一同向学,却未必可以共同求道;可以共同求道,却未必可以一起依礼而行;可以一起依礼而行,却未必可以一道应机权变。(《论语·子罕》:"可与共学,未可与适道;可与适道,未可与立;可与立,未可与权。")由此可见,"权"是一个非常高的境界,是很难把握因而在次第上也较迟才能把握的一种实践。

"明于权者不以物害己"是讲:明白如何权变,自然不会被外在的种种所伤害,你会知道在坚持自我的同时如何趋利避害,你不会面对不可抗拒的压力徒然牺牲了自己。如果要孔子举例,大约会是本来聪明得很,而面对国家的乱象便显得愚蠢的宁武子吧?(《论语·公冶长》:"邦无道则愚。")

天地间一自然人

无以人灭天，无以故灭命，无以得殉名。

（《秋水》）

注释：

故：人有意识的作为。

命：性命，本性。

得：通"德"。

译文：

不要用人为去毁灭自然，不要用造作去毁灭本性，不要为了名声而牺牲德性。

"无以人灭天，无以故灭命，无以得殉名"，向人们提出了行为的准则。

"无以人灭天"应该说最为关键，是总说。《荀子·解蔽》篇批评诸子很犀利，对庄子是说："蔽于'天'而不知'人'。"荀子的批评正确与否，姑且不论，但他窥知《庄子》之学关键在强调"天"，确实极具识力。"人""天"对立，而以依循"天"为宗旨，是《庄子》的核心观念，仅就类似的文句表述而言，内篇的《大宗师》便有"不以心捐道，不以人助天，是之谓真人"语。"捐，弃也"（成玄英《庄子疏》），"不以心捐道"即不以人的心智活动而抛弃天道；"助"谓"添助"（成玄英《庄子疏》），"不以人助天"是说不以人的作为而增益自然天道。显然这就是"无以人灭天"的意思——如果不是狭义地理解"灭"，而是将之宽泛地理解作毁伤的话。

"无以故灭命"，与"无以人灭天"结构类似，则"命"与"故"之间构成了类似于"天"与"人"那样的对立关系。"命"即本来的性命，"故"谓巧诈，去"故"而从"命"，也就是抛弃巧诈机心，而依从天命、天道。"无以故灭命"，更多是就在人世间保守人的本性、使之不受扭曲而言的。

"无以得殉名"之"得"，当释为"德"；"名"一般即理解为名声之类，它代表的是种种世俗的东西。"无以得殉名"，意为不要为了世俗的种种而丧失自己的"德"。这侧重于面对社会利益和价值保全本来自我的方面。

三个"无以"总体而言，就是要做一个合乎天道的自然的人。

苟全性命于乱世

庄子钓于濮水。楚王使大夫二人往先焉，曰："愿以境内累矣！"庄子持竿不顾，曰："吾闻楚有神龟，死已三千岁矣。王巾笥而藏之庙堂之上。此龟者，宁其死为留骨而贵乎？宁其生而曳尾于涂中乎？"二大夫曰："宁生而曳尾涂中。"庄子曰："往矣！吾将曳尾于涂中。"

（《秋水》）

注释：

濮水：河名，在今山东境内。

先：传达意见。一说当为"见"。

累：托付，使受累。

巾笥(sì)：布巾和竹盒。

涂中：泥中。

这个故事或许是庄子生平事迹中最有名的，司马迁著《史记》为他列传，就记叙了类似的情节。

庄子究竟为什么要拒绝出仕呢？

庄子将庙堂供奉的死龟和曳尾涂中的生龟对举，让楚国的两位大夫做选择题，透露出他的根本考虑是以生命为本位。"曳尾涂中"，看似卑下，但这其实是龟的自然生活常态；庙堂中的"神龟"虽然受到尊崇，但那决不是龟命定的结果，而是人类意志的赋予，并且以丧失生命为前提。不能保持生命的本然，不能保全自己的生命，这两点都是违反庄子基本信念的，可谓庄子拒绝出仕的理据。

还有一层，是现实的经验。庄子视自己生活的时代为乱世，痛切地以为"方今之时，仅免刑焉"（《人间世》）。他看到的在仕途沉浮中为势位而丧命的事例大约太多了。《列御寇》篇中记载了一个故事，不妨可作旁证。有人从宋国国君那里得到了十辆车子的赏赐，庄子给他讲故事：儿子从深渊中得到千金宝珠，父亲劝儿子赶快将珠子锤碎掉，因为这一定是看守宝珠的黑龙打盹了，一旦龙醒来，那就要倒大霉了！现在宋王也是在打盹，如果醒来的话，你将粉身碎骨啦！

汉末的诸葛亮曾有句话"苟全性命于乱世，不求闻达于诸侯"（《出师表》），很可以移来诠说庄子的心理。

译文：

　　庄子在濮水上垂钓。楚王命两名大夫去传达自己的旨意说："请让我把楚国的政事托付给您！"庄子拿着鱼竿,看也不看他们,说："我听说楚国有一只神龟,已经死掉三千年了。楚王把它用布巾包着,用竹盒盛着,珍藏在庙堂之上。这只乌龟,到底是希望自己死掉,只留下一副骨甲来被人珍藏呢? 还是宁愿活着,拖着尾巴在泥水里爬来爬去呢?"两名大夫说："当然是宁愿活着,拖着尾巴在泥水里爬来爬去。"庄子说："你们回去吧！我也是想要拖着尾巴在泥水里爬来爬去啊。"

目送归鸿

惠子相梁，庄子往见之。或谓惠子曰："庄子来，欲代子相。"于是惠子恐，搜于国中三日三夜。庄子往见之，曰："南方有鸟，其名为鹓鶵，子知之乎？夫鹓鶵发于南海而飞于北海，非梧桐不止，非练实不食，非醴泉不饮。于是鸱得腐鼠，鹓鶵过之，仰而视之曰：'吓！'今子欲以子之梁国而吓我邪？"

（《秋水》）

注释：

梁：魏国。

或：有人。

鹓鶵(yuān chú)：凤凰之类的神鸟。

练实：竹实，竹子的果实。

醴(lǐ)泉：甘泉。

苏轼被贬黄州,作有一首《卜算子》词,结句曰:"拣尽寒枝不肯栖,寂寞沙洲冷。"他正处在人生的低谷,但仍然不肯乃至不屑于混同乎流俗。远翔中的鹓鹐更不必说了。

世上的权势地位之类,是常人所乐于获取的,这当然可以理解;拥有了,费心费力要保住它,这也可以理解。然而,我们要知道这终究不是最高的境界。像鸱形象如此猥琐,倒在其次,更应该问的是:人生究竟是为什么呢? 是为这些外在的种种而患得患失吗? 或许,在你一意抱持着这些的时候,你便失去了高飞远游的可能和乐趣。

人的一生,有时候不能只是守着眼前的利益,要知道放弃,仰头看天上飞过的鹓鹐,目送归鸿,望着它消逝在远方的天际,想象那里有怎样的风景。

译文：

　　惠子在魏国当宰相，庄子去见他。有人向惠子进谗言说："庄子来这里，是想要取代你当国相。"于是惠子心生恐慌，在国都中大举搜索了三天三夜。庄子去见他说："南方有一种鸟，名字叫做鹓鹐，你知道吗？鹓鹐这种鸟，从南海出发，向北海飞去，一路上如果不是梧桐树，它不肯停下来休息；如果不是竹子的果实，它不肯吃；如果不是甘甜的泉水，它不肯喝。有一只猫头鹰找到一只已经腐烂的死老鼠，它看见鹓鹐正好飞过头上的天空，就抬起头来盯着鹓鹐叫道：'吓！——'现在你也想要用你的魏国来吓我吗？"

七宝楼台碎拆下来不成片段

　　庄子与惠子游于濠梁之上。庄子曰:"儵鱼出游从容,是鱼之乐也。"惠子曰:"子非鱼,安知鱼之乐?"庄子曰:"子非我,安知我不知鱼之乐?"惠子曰:"我非子,固不知子矣;子固非鱼也,子之不知鱼之乐,全矣!"庄子曰:"请循其本。子曰'汝安知鱼乐'云者,既已知吾知之而问我。我知之濠上也。"

（《秋水》）

注释:

濠(háo)梁:濠水上的桥。

儵(tiáo)鱼:白鱼。

庄子和惠施在濠上论辩的场景，多少年来萦绕人们心间。

惠施是庄子最重要的辩友，他坚持清晰的理性分析，在现实的层面上，认定庄子是不可能知道鱼是否快乐的。是啊，虽然据说有所谓通鸟语的人，比如孔子的女婿公冶长，但现实中似乎没见过。然而庄子仍肯定鱼是快乐的。如果严格分析庄子应对惠施的话语，其在逻辑上确乎是有问题的。

惠施的问题是：你不是鱼，怎么会/怎么能（"安"）知道鱼的快乐呢？庄子则悄悄将"安"字的意义转换成"哪里"，即"从什么地方"了，所以他回答说："我知之濠上也。"庄子的论辩不能说逻辑周洽，更多显示的是机智。

然而，庄子便不对吗？

世间不仅是现实，世间不仅有逻辑。庄子展示的是一个通达天地自然，与万物沟通无碍的心灵。鱼游水中，我游梁上，同样的自在率意，鱼我双方是融通的。鱼乐，实是我乐的映射；我乐，故而鱼亦当乐。杜甫有两句诗："感时花溅泪，恨别鸟惊心。"（《春望》）或许可以移来为证，只是一哀一乐而已。

庄子坚持自己的观感，反对的正是惠子的细琐分析。这个世界有时候是不能分拆开来加以了解的，"七宝楼台，眩人眼目，碎拆下来不成片段"（张炎《词源》）；人的情感往往也是不能也不必分析的，分析的时候感情就已不在，比如情人之间开始分析计较，离分手就不远了。

译文：

　　庄子和惠子在濠水的桥上游玩。庄子说："白鱼优哉悠哉地游出来，这是鱼的快乐啊！"惠子说："你又不是鱼，怎么知道鱼的快乐？"庄子说："你又不是我，怎么知道我不知道鱼的快乐？"惠子说："我不是你，所以不知道你；同样的道理，你也不是鱼，所以你不会知道鱼的快乐。这不就完了嘛。"庄子说："让我们回到话题开始的地方吧。你问我'从哪里知道鱼的快乐'，明明是已经知道了我知道鱼的快乐，才来问我'从哪里知道'的。我就是在这濠水上知道的啊。"

以理化情

　　庄子妻死，惠子吊之，庄子则方箕踞鼓盆而歌。惠子曰："与人居，长子老身，死不哭亦足矣，又鼓盆而歌，不亦甚乎！"庄子曰："不然。是其始死也，我独何能无概然！察其始而本无生；非徒无生也，而本无形；非徒无形也，而本无气。杂乎芒芴之间，变而有气，气变而有形，形变而有生。今又变而之死。是相与为春秋冬夏四时行也。人且偃然寝于巨室，而我噭噭然随而哭之，自以为不通乎命，故止也。"

（《至乐》）

俗话说：人活一口气。

这话说得很直率，但透露的消息却很重要：生命与"气"，在古代中国确是一大命题。《庄子·知北游》明言："人之生，气之聚也。聚则为生，散则为死。"如此以气的聚散解释生命的来去，倒有些像佛教中因缘聚合而产生万物的观点。庄子应对妻子的过世，鼓盆而歌，从理据上来看，正是以气的聚散来解释生死。

庄子回想妻子作为一个人的来历和归途，指出原来并不存在，没有形体；而后在浑沌恍惚之中渐渐气聚，有了形体，有了生命，现在又回到原初的状态中去了。这么一个来去的路径，如同春夏秋冬的交替，构成一个循环；这就是人类的"命"。庄子在另外一处也曾谈到生死转移是人的根本宿命："死生，命也；其有夜旦之常，天也。"（《大宗师》）

想通此点之后，庄子从最初的伤感中解脱出来，不复悲哭。

这个结论，也很符合庄子的基本观念。

庄子视世界万物为一个整体中的部分,生、死,虽然在平常人的眼光中是截然不同的两种状态,但在整全的视野中看,它们却也是相连相续的。《大宗师》篇中讲述了子祀、子舆、子犁、子来四个朋友的故事。他们之所以成为朋友,最根本的一点,就是他们关于生死的观念一致:如果谁能将空无作为一个形体的头部,将生命存在的阶段作为中间的脊梁,而以死亡作为这个形体的尾部,如果谁能了解生死存亡其实属于一个连续体,那我们就可以做朋友了。("孰能以无为首,以生为脊,以死为尻,孰知死生存亡之一体者,吾与之友矣。")

相信生死不过是气的聚散,进而将生死理解为一个连续体前后相续的部分,庄子最后化解了悲伤的情绪。这一过程,不仅是庄子本人生命史上有意味的转变,而且在中国整个的文化史上都具有特别的意义:庄子宣示了,虽然我们不能完全摆脱,也不必彻底摆脱生死情伤,但我们可以理解它,可以以理化情,超越这一伤怀。

译文：

　　庄子的妻子去世了，惠子前去吊唁，看见庄子正两脚叉开蹲坐着，敲着瓦盆唱歌。惠子说："你和她一同生活，生养孩子，她现在年老去世，你不哭也就罢了，还要敲着盆子唱歌，不是太过分了吗？"庄子说："不是这样的。当她刚刚去世的时候，我又岂能不感到悲伤呢？然而仔细想想，她一开始本来是没有生命的；非但没有生命，连形体也不存在；非但形体不存在，连气息也是没有的。在一片浑沌恍惚之中，发生变化而产生了气，气变化而产生了形体，形体变化而产生了生命。到现在她又变化而死去。这样的过程就好像春夏秋冬四季循环运转一样，不过是自然的变化罢了。她已经安然休息在浩瀚的天地大屋之中，我却还呜呜地跟在后面痛哭。我自以为这是因为我对人生还不够通达，因此才不再悲伤哭泣的啊。"

有的人活着，却已死了

养形必先之以物,物有余而形不养者有之矣。有生必先无离形,形不离而生亡者有之矣。

（《达生》）

注释：

养形：保养形体。

译文：

要保养形体，一定要先有物资的供给；然而有些人虽然物资供给有余，形体却没有得到保养。要保全生命，一定要先保证不脱离形体；然而有些人虽然没有脱离形体，生命却已经消亡了。

生命，首先是一个物质的存在。维持生命的基本条件，当然是所谓食物、住宅等物品，此即"养形必先之以物"。但是日日山珍海味、轻裘肥马、朱门豪宅，未必就能保证生命的良好状态，过犹不及，肥胖臃肿、身有暗疾，是现代人们常见的情况，此乃"物有余而形不养者有之"。

庄子心目中，生命当然是重要的，但生命并不等同于形体的物质存在。《刻意》篇曾批评过几种人，其中有一类就是操练呼吸、吐故纳新，学习熊、鸟之类动物做出种种伸展收缩动作的人，他们调练自己的气息和形体，是想和彭祖一样活得久长些。（"吹呴呼吸，吐故纳新，熊经鸟申，为寿而已矣。此道引之士、养形之人、彭祖寿考者之所好也。"）

庄子对于生命的观念，是依顺自然，尽其天年。所以中途夭折固然不好，妄图无限延续生命的长度，也是不恰当的。在这个意义上，如果仅仅是保有了身体的存在，并不能说你的生命依然在延续，比如，精神丧亡、行尸走肉的情况就是如此。这是"形不离而生亡者有之"的一层意思。稍加引申，或许可以说，"养生"要养的是真正的生命活力，此"生"要具有内在的价值；如其活力和价值已失，那么虽然"形"还在，而"生"已亡了："有的人活着，他已经死了。"（臧克家《有的人》）

无知者无畏

醉者之坠车，虽疾不死。骨节与人同而犯害与人异，其神全也。乘亦不知也，坠亦不知也，死生惊惧不入乎其胸中，是故遻物而不慴。

（《达生》）

注释：

疾：摔伤。

犯害：侵犯伤害。

遻(è)：同"遌"，抵触，遇到。

慴(shè)：同"慑"，惧怕。

译文：

喝醉酒的人掉下车，就算重伤也不会死。他的骨节机理和别人相同，受到的伤害却和别人不一样，是因为他的心神凝聚圆备。他既不知道自己坐上了车，也不知道自己掉下了车，对死生的惊惧都无法侵入他的心中，所以即使触犯了外物，也无所畏惧。

这是一个很有意思的故事,它基于现实经验。醉酒者在身体上受伤的概率,确实比清醒的人要小很多。神志清楚的人,处在危险之中的时候,往往害怕,俗话说是自己吓死自己;而醉酒的人,精神处于浑沌的状态,"死生惊惧不入乎其胸中",不以危难为意,履险境如平地。

这里凸现的是心的作用,心以为险则险,心以为安则安。

"无知者无畏",人们通常做负面的理解;其实因为对繁难或危险没有知觉、没有了解,所以确实会敢为人所不敢为,这里面失败的机会自然不少,然而也存在成功的可能。至于不敢为的,当然永远不会有成功的时候。

庄子与孟子的共同语言

仲尼适楚，出于林中，见佝偻者承蜩，犹掇之也。仲尼曰："子巧乎，有道邪?"曰："我有道也。五六月累丸二而不坠，则失者锱铢；累三而不坠，则失者十一；累五而不坠，犹掇之也。吾处身也，若厥株拘；吾执臂也，若槁木之枝。虽天地之大，万物之多，而唯蜩翼之知。吾不反不侧，不以万物易蜩之翼，何为而不得!"孔子顾谓弟子曰："用志不分，乃凝于神。其佝偻丈人之谓乎!"

（《达生》）

注释：

佝偻：驼背。

承蜩（tiáo）：用长竿的顶端粘蝉。

掇：拾取。

五六月：指训练学习的时间长短。

锱铢（zī zhū）：比喻数量极微少。

厥株拘：树桩。

孟子是庄子的同时代人，然而，他与庄子之间似乎完全不相闻问，都没有提及过对方。不过，他们之间还是有共同语言的，比如他们都主张要专心。

孟子主要针对学习，《孟子·告子上》记叙说：著名棋手弈秋教人下棋，一位很专心，只顾着听弈秋讲棋，另外一位虽然听，却未曾入心，一心想的是将有鸿鹄飞来，准备引弓而射。（"使弈秋诲二人弈，其一人专心致志，惟弈秋之为听；一人虽听之，一心以为有鸿鹄将至，思援弓缴而射之。"）两人水平之高低自然可以想见。

庄子这里给出的是捉知了的故事。这位驼背的老人在竿头叠置三五个丸子，简直就是在玩儿杂技，况且还要去粘知了！这一绝技如何成为可能呢？老人的经验，不管外边的世界有多精彩，我只顾集中精神在知了上，不会因为任何东西而改变对知了的关注。

简单地说，要想有所成就，不分散注意力（"用志不分"），精神凝定专注（"乃凝于神"），是关键的一个环节。

译文：

　　孔子到楚国去,经过一片树林,看见一位驼背老人在用长竿粘蝉,轻松得好像从地上捡东西一样。孔子问道:"你的手法太巧妙了! 是不是有什么奥秘呢?"老人说:"我有秘诀。先训练上五六个月的时间,如果在长竿顶上叠上两个丸子而能够不掉下来,就不大会失手了;如果叠上三个丸子而能够不掉下来,十次里面就只有一次会失手了;如果叠上五个丸子还能够不掉下来,那么粘蝉就好像从地上捡的一样容易了。我伏身不动,好像一个树桩子;我伸出手臂拿稳长竿,好像一根枯树枝。虽然天地之大,万物之多,我这时候除了蝉翼以外什么都不知道。我聚精会神,纹丝不动,万物都无法替代我对蝉翼的专注,怎么可能会得不到呢?"孔子回头对弟子们说:"聚精会神,心无旁骛,说的就是这位驼背老人吧!"

当赌注增加的时候

以瓦注者巧，以钩注者惮，以黄金注者殙。其巧一也，而有所矜，则重外也。凡外重者内拙。

(《达生》)

注释：

注：赌博下注。

惮：有所忌惮。

殙(hūn)：同"惛"，心智昏乱。

矜：顾忌爱惜。

译文：

赌博的时候，如果用瓦片下注，就能心思巧妙；如果用带钩下注，就会有所忌惮；如果用黄金下注，就会心中昏乱。他的技巧手法并没有不同，然而心中一旦有所顾惜，身外之物的分量就会变重。但凡过分重视外物，内心就会变得笨拙。

在地上划条线走,与空中走钢丝,所要求的身体平衡能力,其实差别不大;一个天上一个地下的,是你的心情:在地上走不了直线不过一声叹息,走钢丝偏出就得摔个半死,自然心理感觉不同。然而,正是这种心理感觉的不同,最容易让人出错。有经验的钢索人会凝心自照,尽量抛开外边环境的影响。庄子讲的赌博,道理是一样的,随着赌注的增加,心理的压力、紧张感愈来愈重,原先的潇洒变成了害怕乃至昏聩。

人们的智巧能力是一样的,但如果特别在意实际的结果,反而不能充分发挥出来。这不是普遍的情形吗?促膝谈心时娓娓动人,面对大庭广众则嗫嚅不能出声的人,我们往往可以遇到,其实就因为他真的在意自己的言谈表现。

"外重者内拙",专心外在事物的人,内心会逐渐沉没、枯寂下去。普希金《欧根·奥涅金》里曾引过一位俄国诗人的诗句:"活得匆忙,来不及感受。"或许,该时而停下匆忙的脚步,回返内心,倾听心底的声音,重获心的灵明。

聪明的愚蠢

处乎材与不材之间。

(《山木》)

　　材：有用之材。

译文：

　　处在有用与无用之间。

"材与不材之间",一般的感觉,有混世的味道。

然而,这是庄子亲身经验的结论。《山木》的故事是这样的:一次,庄子和弟子一起行走山间,见到一株枝繁叶茂的大树;边上有位伐木人,却不下手砍伐,问他,回答说:"没什么用啊。"出了山,住到老朋友家;老朋友很高兴,让小童杀鹅,招待庄子一行,童子问:"一只会叫,一只不会叫,杀哪只?"老朋友答:"杀不能叫的。"

有时因为无用得到了长生,有时却由于无能而被杀戮。这样的两难处境,使得庄子只能给出如此结论。

危殆的时世,如何聪明地生存是一个难题。或许,聪明的表现还得是愚蠢,更准确地说是装傻。孔子曾称道卫国的宁武子:国家昌明有道的时候,他很智慧;国家昏昧无道的时候,他便很蠢。他的智慧可以学得,他的愚蠢却学不来啊。(《论语·公冶长》:"邦有道则知,邦无道则愚。其知可及也,其愚不可及也。")

宁武子倒真是一个善"处乎材与不材之间"的人物。

孤帆远影碧空尽

君其涉于江而浮于海，望之而不见其崖，愈往而不知其所穷。送君者皆自崖而反。君自此远矣！

(《山木》)

注释：

涉：渡过。

崖：涯岸。

译文：

您要渡过大江，漂浮在海上，极目远望也看不见涯岸，越走越不知道哪里才是尽头。送您的人都从岸边回去了，您从此才真的是远离了！

《庄子》书中有不少富于情感的段落,似乎可以作为后世文学表现的原型看待。这里"涉江浮海"的一段,原来是指摆脱负累,超然俗世,但如果一般性理解为分别场景,亦无不可。

短短数语,照应了行者和送者两方面。对远行者而言,前途漫漫,不见端崖,愈行愈不知何处是止息之所;对送别者而言,遥望行者渐远,终有一别,于是纷纷从岸边回去了。最后"君自此远矣",以行者飘然远去的情感笼罩双方。

李白的《黄鹤楼送孟浩然之广陵》是唐诗中的送别名篇:"故人西辞黄鹤楼,烟花三月下扬州。孤帆远影碧空尽,惟见长江天际流。"当然李白所送的孟浩然,其远行目的地很明确,不过场景似乎与这里《庄子》的表现方式有些相似。"孤帆远影",岂不是"君自此远矣"的形象表达吗?而所谓"碧空尽"和"惟见长江天际流",正是"望之而不见其崖"。只是,李白一直站在岸边,遥望朋友的远帆,直到它融入江天之际,透露出深深的眷恋情意;而《庄子》中的修道者,因道行日深,同道当然越来越少,日渐孑然,送者纷纷散去即喻指此也。

衡量乱世的一个标准

以利合者，迫穷祸患害相弃也；以天属者，迫穷祸患害相收也。

（《山木》）

庄子讲道理，往往不直说，而是给你一个故事。学不了他想落天外的虚拟本领，且给真实的事例。

什么是"以利合"呢？

先秦名将赵国的廉颇曾有不少门客，他曾被罢官，于是门客纷纷弃他而去；待官复原职，那些人重又蜂拥来聚。廉颇很生这帮趋炎附势的小人的气，门客回应曰：普天之下都是按市场法则交结往来的，您有权势，我等便跟随您，您没有权势，就离开，本来就是这么一个道理嘛，您有啥可抱怨的？（《史记·廉颇蔺相如列传》："天下以市道交，君有势，我则从君，君无势则去，此固其理也，有何怨乎？"）

这个故事不仅告诉我们何为"以利合"，而且告诉我们：因利益而聚，往往也因利益而散。

至于"以天属"，则是指出自天性自然的关系。当种种艰难困苦来临的时候，因这一关系而交结的人们往往互相拥抱，互相支持。我们都听说过家庭是温暖安全的港湾的比喻。

不过，也有例外。

战国时,佩六国相印、富贵至极的苏秦,早年不得志,他外出游说,颓唐而归。面对灰头土脸的苏秦,太太自顾自织布,嫂子不给他烧饭,父母也不理睬他。(《战国策·秦策》:"形容枯槁(gǎo),面目犁黑,状有愧色。归至家,妻不下纴(rèn),嫂不为炊,父母不与言。")苏秦于是发愤读书,困了,便以锥子刺自己的大腿,坚持读下去("读书欲睡,引锥自刺其股,血流至足")。待到他一旦功成名就,回返故里,父母远出三十里来迎接,太太的态度变得恭恭敬敬,嫂子更是匍匐在地拜他。苏秦问嫂子:你为什么前倨后恭啊?嫂子答:你现在有钱有势。引得苏秦感慨不已:啊呀,没钱没势,父母都不拿你当儿子,富贵了亲戚都敬畏你,人生在世,有钱有势多要紧啊!("父母闻之,清宫除道,张乐设饮,郊迎三十里。妻侧目而视,侧耳而听。嫂蛇行匍伏,四拜自跪而谢。苏秦曰:'嫂何前倨而后卑也?'嫂曰:'以季子之位尊而多金。'苏秦曰:'嗟乎!贫穷则父母不子,富贵则亲戚畏惧。人生世上,势位富厚,盖可忽乎哉?'")

衡量乱世的标准,有一条就是"天属"是否浸透了"市道"。

无故的离合

君子之交淡若水,小人之交甘若醴。

(《山木》)

醴:甜酒。

译文:

君子之间的交往像水一样淡,小人之间的交往像酒一样甜。

君子、小人，在中国古代一直是对举的两类人。

君子惺惺相惜，相互之间一望而知，所谓"相视而笑，莫逆于心"（《大宗师》）。只是他们之间的关系，建立在共同的信念以及由此而来的相互欣赏基础上，因为有本质的契合，无需过多的外在表现。或许，许多时日并无往还，但他们的内心还是认同对方的，细水长流，重逢时依旧未见隔阂。

与君子之间的静水流深相形相对的，是小人之间看似浓烈的热络，像浓浓的甜酒。生活中缺乏真正的甘美，于是企望甜腻的口味；真正尝过甜美的人，反能懂得平淡的真意。

君子、小人之间的对比，真正的君子都能分辨。《论语·为政》有"君子周而不比，小人比而不周"之说，是说君子的态度比较周遍、周正，小人则朋比为党。朋比为党，就是腻歪地搅合在一起；而他们之间因为没有真正的心灵契合，没有道义的共识和实践，因而最后的结果往往就是闹分裂。

庄子在上引句的后面，接着有一句："无故以合者，则无故以离。"这"故"，用得很吃紧，小人之间无缘无故地合，无缘无故地分，这正是与君子间交谊的大不同处。

习非成是

观于浊水而迷于清渊。

(《山木》)

译文:

我总是在浑浊的水中观照,却迷失忘却了清澈的渊泉。

常常在黑暗中行走，骤然进入光亮之中，会禁不住眯上眼睛。不是光明不好，而是沉溺黑暗太久，失去了正常的感受。总是观照于污浊的水，对源头清泉也丧忘殆尽。这暗喻着人的本性的丧失，在污浊的世界上，见怪不怪，习非成是。这时，回头来读下面的诗句，你会了解它其实多么有力：

　　"黑夜给了我黑色的眼睛，我却用它寻找光明。"（顾城《一代人》）

人心险于山川

中国之君子，明乎礼义而陋于知人心。

（《田子方》）

注释：

中国：中原之国。

陋：笨拙无能。

译文：

中原之国的君子大人，虽然精通礼义，却不能够了解人的心性。

这是庄子批评孔子的话。礼义是儒家所提倡的，不过，在庄子看来，这并不是人性的必然组成部分，而只是构成社会的过程中建立起来的外在规定；儒家的错误即在将外在的礼义认作根本，轻略了人心、人性的根本。

那么庄子对人内在心性的了解如何呢？在传统的理解里面，人性是相对稳定的部分，心则是代表了动的那一面。庄子的人性观念，突出的是本来自然的一面，认为它基本是淡漠的；而对灵动的人心，庄子则有非常深细的观察，足以表明他有资格说儒者"陋于知人心"。

有趣的是，庄子曾借孔子之口，提出人心难以了解。它比山川还要曲折险峻，比了解上天还难；天意难知，但还有春夏秋冬四时的交替和日夜的更迭，而人的内心则隐藏得很深，有的看似忠厚而内里骄溢，有的看来躁急而其实通达，有的表现得坚强却内心绵软，等等。（《列御寇》："凡人心险于山川，难于知天。天犹有春秋冬夏旦暮之期，人者厚貌深情。故有貌愿而益，有长若不肖，有顺懁（xuān）而达，有坚而缦（màn），有缓而釬（hàn）。"）而一旦人心动荡起来，更是不得了：忽上忽下，忽冷忽热，忽柔忽刚，平静如深渊，动荡如天悬，最亢奋难制的，就是人心了！（《在宥》："人心排下而进上，上下囚杀，淖（chuò）约柔乎刚强，廉刿（guì）雕琢，其热焦火，其寒凝冰，其疾俯仰之间而再抚四海之外。其居也，渊而静；其动也，县而天。偾骄而不可系者，其唯人心乎！"）

于是，安顿内心便是一个非常重要的问题，庄子可能是最早充分意识到它的哲人。

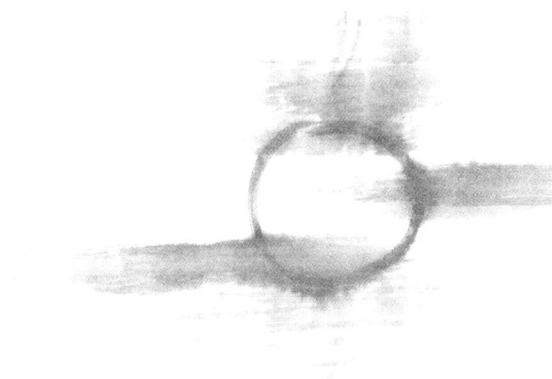

心死与心如死灰

哀莫大于心死,而人死亦次之。

(《田子方》)

最悲哀的莫过于心死,连人死都不如心死悲哀。

这是至今为人们津津乐道的言语。

身体的死亡,固然很是令人悲哀,但一则这是不可抗拒的自然,庄子主张安时处顺,平静接受;况且庄子虽然重视人的生命,但在他心中,形体的保养是次要的。而"心",则代表着人的精神,当心死的时候,即使形体尚存,那也只是行尸走肉。

心死,意味着人丧失了对自我的肯定,丧失了自我的自觉意识,丧失了生意生趣,意味着人放弃了自己在世上的生活,意味着一切都不可为也不能为了。

值得提出的是,这里的"心死"与庄子喜欢说的"心如死灰"(《齐物论》)的状态,并不是一回事。"心如死灰"是一种极而言之的形容,指排除了一切纷杂的欲念和多余的知识,臻于虚空平静之极致的状态;这时,你的内心并没有死寂,而是准备着迎受大道的光临。《大宗师》篇中孔子与颜回谈论"坐忘","坐忘"就是抛开形体,泯灭聪明,而后与大道相合("堕肢体,黜聪明,离形去知,同于大通")。

"心如死灰"的后面,不是一无所有,而是有一个更大的与天地宇宙会通的期待和奇迹:

我们准备着深深地领受

那些意想不到的奇迹

(冯至《十四行诗》其一)

谦卑地谛听和体察

天地有大美而不言,四时有明法而不议,万物有成理而不说。

(《知北游》)

庄子对于喋喋不休的言说,始终有怀疑。他真正欢喜的,是直面宇宙天地,与万物并生共育,而不是将它们作为对象加以描写、分析。"不言""不议""不说",即此之谓。

古代的哲人们,面对世界万物,多能体会到它的庄严,体会到它的美,它的自然秩序,而不像后世,人类的精神发展到自我中心,毫无敬畏,仅存功利的利用之意,以致将"不言""不议""不说",径自当作"不能言""不能议""不能说",甚至干脆认为外在世界是没有生机的,可以任我宰制。孔子曾经慨叹:"天何言哉!四时行焉。"(《论语·阳货》)与上面庄子的"天地有大美而不言,四时有明法而不议",契合无间。

我们需要谦卑地谛听自然的声音,体会宇宙的消息。

《兰亭集序》的模本

山林与，皋壤与，使我欣欣然而乐与！乐未毕也，哀又继之。哀乐之来，吾不能御，其去弗能止。悲夫，世人直为物逆旅耳！

(《知北游》)

注释：

皋(gāo)壤：原野。

御：抗拒。

译文：

是山林啊，原野啊，使我这样欣然悦乐啊！欢乐还没有过去，悲哀又接着来了。悲哀欢乐的袭来，我无法抗拒，悲哀欢乐的离去，我也无法阻止。可悲啊，世人只不过是物情暂时寄居的旅舍而已！

庄子强调人性的自然，主张以人合天，排除人的种种智力和欲望活动。《齐物论》开篇的南郭子綦（qí）"隐几而坐"，形如槁木，心如死灰，可为合天的代表。于是，惠子曾提出疑问：人难道是无情的吗？（《德充符》）甚至有人提出：庄子是不是要让人都变成石头？

问题尽管复杂，这里却可以首先肯定一点：庄子虽然对情感的过度表达持非议态度，但他是深于情的人，是真正有感情，而且能体会感情的人。谓予不信，请看这段文字。

在自然山林和平川的环境中，愉悦情绪油然而生，然而快乐与哀伤形影相随。哀乐的来去，不能遏制，人成为它们的寄寓之所。这显示出，情感的发生，在庄子看来，也是一个自然的过程。

这中间，"乐"何以产生，我们是清楚的；但是所"哀"为何，却未曾明喻。或许可以参照《兰亭集序》。东晋名士们当"天朗气清，惠风和畅"之时，于"崇山峻岭，茂林修竹"间聚会,"信可乐也";然而"情随事迁","向之所欣,俯仰之间,已为陈迹",也就是即刻快乐就会转变,更深一层想,"修短随化,终期于尽",一切最后都会过去,消逝无踪迹,于是感慨:"岂不痛哉!"由愉悦转悲哀的过程,与《庄子》完全一致;不妨说,《知北游》的这段文字便是《兰亭集序》的模本。不过,后者更明确地给出了"哀"的来由;"死生亦大矣",《兰亭集序》引语即出自《庄子·德充符》,这也正是庄子反复且深切考虑的问题。

庄子乃真深于情者,故而他要寻找理解感情的道路,寻找化解由感情而来的痛苦的道路。

对不可言说的保持沉默

知止乎其所不能知，至矣！

(《庚桑楚》)

译文：

智识的探求在其所不能探知的界限停步，这就是智识的极致了。

道家对无限地追求知识持怀疑的态度。一方面,这与获得生命的智慧不是一回事;另一方面,知识是无限的。

　　我们不妨回想古希腊的一个故事。

　　古希腊有位哲学家,他的学生问他:"老师,您的知识比我们多许多倍,您回答问题又往往很正确,可您为什么总怀疑自己的答案呢?"哲学家用手指在桌上画了一大一小两个圆圈,回答说:"大圆圈的面积代表我的知识,小圆圈的面积代表你们的知识;两个圆圈的外面,代表无知的部分。我的知识,自然比你们的多,但大圆圈的周长比小圆圈的长,那我接触到的无知的范围自然也比你们的广。这便是我为何常常怀疑自己的原因啊。"

　　面对这样的困境,庄子应对的办法不是再去扩大自己知识的领域,也就是不再去将圆圈画得更大,那样所面对的无知,自然也就愈多。他选择了止步,承认那是永远不能占据的天地。他以为,真正的智慧是在能驻足和不能涉足的边界止步。

　　近代哲学家维特根斯坦有一句名言:对不可言说的,我们应该保持沉默。庄子对这话,应该是会颔首的。

贤人如何自处

以贤临人，未有得人者也；以贤下人，未有不得人者也。

（《徐无鬼》）

注释：

临人：凌驾于人之上。

贤：贤良的名声。

下人：甘居人下。

译文：

凭借着自己贤良的名声而自居于他人之上，没有能得到人心的；拥有自己贤良的名声，却自居于他人之下，没有不能得到人心的。

贤能的人,智力过于一般人,能力也过于一般人,超乎常人之上,但终究人身处社会,于是如何与别人相处,如何在与人相处中完成自己的责任,实现自己的贤能,就需要考虑。

管仲是春秋时期的著名政治家,因为鲍叔牙的力荐,得到齐桓公的重用,辅助齐桓公完成"九合诸侯,一匡天下"的霸业。当他病入膏肓的时候,齐桓公问他:"如果你万一真的不行了,我将齐国托付给谁合适呢?"齐桓公属意的是鲍叔牙,但管仲表示不行:"鲍叔牙是一个性情高洁的人,对那些不如自己的人他不去亲近,并且一旦听闻别人的过错,终身不忘。让他治国,怕上下都不讨好,最终要得罪您的。"齐桓公继续追问合适的人选,管仲提出了隰(xí)朋,因为这位隰朋能上下沟通,在上的人会觉得他几乎不存在,而下面的人也不会背叛他,他自愧不如黄帝这样的圣贤,而对不如自己的人也有充分的同情心。接着,管仲就说出:"以贤临人,未有得人者也;以贤下人,未有不得人者也。"

管仲公忠体国,能放下"生我者父母,知我者鲍叔"的人生知己和恩人,固然令人敬佩;更具理性价值的,则是他留下的关于贤能人士的观察标准:身处高位优势的人,更应该放下身段,谦卑恭谨,容得下人,具有同情心。

有无之间

知无用而始可与言用矣。夫地非不广且大也，人之所用容足耳，然则厕足而垫之致黄泉，人尚有用乎？

(《外物》)

注释：

　　厕足：脚旁的地方。

　　垫：挖。

译文：

　　要先知道什么是没有用，才能和他谈什么是有用。大地并不是不广大无边，人所用来站立的却不过脚掌大的地方而已。然而如果把除了脚底以外的所有地方都往下挖到黄泉，那么人(脚下的地方)还有用吗？

庄子一再对所谓"有用"和"无用"的问题，做出回应。《逍遥游》中，他针对惠施提出的大葫芦无用的议论，指出那不过是惠施内心满是蒿草，不够灵通：为什么不能凭大葫芦浮游江湖，而一定固执于葫芦是用来盛水的常规呢？可见有用和无用，有一个如何看待的问题，如此用或许无用，换一方式，或许乃有大用。

这里，庄子提出了另外一个机智的辩护。"鹪鹩巢于深林，不过一枝"（《逍遥游》），你能占据的不过是很小的一块地方，那是不是就可以将双足不及的地方都去除掉呢？当然不行！庄子想说的是，有用和无用是相对而言的，如果你只要所谓有用，抛弃所谓无用，最后有用也是不能成立的。

老子曾论"有"与"无"的关系，与庄子的思考路径，似乎有些相似："埏埴以为器，当其无，有器之用。凿户牖以为室，当其无，有室之用。"（《老子》第十一章）你制作一个器皿，不能仅仅注重它有形的部分，器皿之成其为有用的东西，还在于它所包含的空的部分；窗户的道理是一样的，窗框固然有形而有用，但窗更重要的部分在它敞开的部分，这里才能容受空气，容受阳光。

世界的真实情况，在于这样的有无之间。

得意忘言

荃者所以在鱼,得鱼而忘荃;蹄者所以在兔,得兔而忘蹄;言者所以在意,得意而忘言。

(《外物》)

注释:

荃(quán):通"筌",捕鱼的竹器。

蹄:捕兔网。

译文:

设下捕鱼的荃,目的是为了鱼,捉到了鱼,就可以把荃忘掉了;设下捕兔的蹄,目的是为了兔,捉到了兔,就可以把蹄忘掉了;说话的目的是传达所要表达的意义,明白了意义,所说的话就可以忘掉了。

荃鱼、蹄兔都是譬喻，真正要说的是言意。

庄子对人们的言说，怀有深切的不信任。但是不由言语，人们如何沟通呢？

《老子》有言曰："道可道，非常道；名可名，非常名。"（第一章）又说："知者不言。言者不知。"（第五十六章）都是说言语不能真正而充分起传达作用。但唐代白居易就曾对老子的话表示质疑："言者不知知者默，此语吾闻于老君。若道老君是知者，缘何自著五千文。"（《读老子》）老子你自己说难以言传的，还说言传的人不是真正"知"的人，那你为什么还写下五千字的《老子》啊？

如果要老子和庄子来回答，大概会是：虽然言语的传达不能充分传达出真意，但这是一个无可奈何的途径，只要不执着于这个手段，心中清楚追求的根本目标是"意"而不是"言"，即"言者所以在意"，因"言"而窥"道"，就是了。而在"得意"之后，即可放开语言（"忘言"），不要死于句下，不要纠缠于手段。试想：你过河走的是桥，已然过河，但还在桥头徘徊，你算真正过河了吗？

以天下为沉浊，不可与庄语

寓言十九，藉外论之。亲父不为其子媒。亲父誉之，不若非其父者也。非吾罪也，人之罪也。与己同则应，不与己同则反。同于己为是之，异于己为非之。

（《寓言》）

译文：

寓言有十之九，借其他的事例来谈论。亲生父亲不给自己的儿子做媒。父亲赞扬儿子，不如父亲以外的人的赞扬有力。这不是我的过错，而是一般人的过错。和自己意见相同的就应和他，和自己意见不同的就反对他。和自己意见相同的就肯定他，和自己意见不同的就否定他。

鲲鹏的故事,既超现实,也很奇诡。"鲲"原来不过是鱼子,而后骤然变化为鹏鸟,仔细想想,近乎脱胎换骨;当然这也是超凡想象力的结果。在《列子》的《汤问》篇里面也有类似的故事:"终北之北,有溟海者,天池也。有鱼焉,其广数千里,其长称焉,其名为鲲。有鸟焉,其名为鹏,翼若垂天之云,其体称焉。"不过,《列子》中作为鱼的鲲与作为鸟的鹏之间,并无变化的关系,大概鲲、鹏转化的情节是《庄子》的独想奇思吧。虚构想象的故事,寄寓了提升精神、超然世间的旨趣,不正是一个典型形式的寓言吗?

　　"寓言"这个词,确实是《庄子》的创造,它有一篇篇名就是"寓言"。

　　不过,庄子所谓"寓言",与今天通常所理解的作为一种文学体式的"寓言",并非完全等同。庄子的"寓言",是"藉外论之",也就是转借别的话头来讲论自己要表达的意思,后代注家的解说是"意在此而言寄于彼"(王先谦《庄子集解》)。之所以需要另外说一套,而不直接说出来,"非吾罪也,人之罪也"。比如说,父亲说自己的儿子如何好,人们通常不能完全接受、信服,觉得是"癞痢头的儿子自家好",属私心偏爱甚至党同伐异的表现。其实如果自己的儿子真正出色,说了好话又何妨呢? 正是因为庄重的言谈,出于种种不那么恰当的世俗理解,往往无法为人接受,所以《庄子》要用"寓言"来表达:这世上一塌糊涂,没法正正经经地说话。(《天下》:"以天下为沉浊,不可与庄语。")

原来,"寓言"当初不仅是为了易于感人和文学趣味而产生的啊。

珍重你自己

以随侯之珠弹千仞之雀，世必笑之。是何也？则其所用者重而所要者轻也。

(《让王》)

注释：

随侯之珠：随国君主的宝珠。比喻珍贵的物品。

千仞：形容极高。通常以八尺为一仞。

译文：

用随国君主的宝珠当弹子，去射千仞高空中的鸟雀，世人一定会嘲笑这样的人。为什么呢？因为他所用的东西非常贵重，想要得到的却非常轻微啊。

庄子的这段话,是告诫人们要重视生命,不要像以贵重的宝珠来弹射鸟雀一样,将自己最宝贵的生命轻易付出,去追求那些不值得的荣华富贵、名声地位。这也具有普遍的意义。多少人放弃了自己已拥有的真正值得珍惜的东西,只是为了世人认为有价值的东西。

　　生命中有许多事需要权衡,有许多事需要抉择,要考虑目标是否正确,要反省代价是否值得。这不是要去培养机心,算计人生,而是要珍重自己。

宽贷假隐士

身在江海之上，心居乎魏阙之下。

(《让王》)

注释：

　　魏阙：魏国的宫阙，指朝廷。

译文：

　　身体处在江海之上，内心却仍然挂念着朝廷的荣华权势。

中国文化中,隐士历代不绝如缕。

稍稍分析一下,隐士的情况相当复杂。有真隐,有假隐。最好的隐士,隐入山林水泽,就此完全无影无踪。还有一种是人们推重的隐士,归隐的心意和实践契合无间,比如陶渊明,"久在樊笼里,复得返自然"(《归园田居》其一),虽然在田园中也有许多艰难,但终究是顺遂了自己的本性,"乐天知命"(《归去来兮辞》)。这些当然是真隐。至于"身在江海"而"心居魏阙"的,则是假隐士了。假隐士最有名的故事便是"终南捷径"。

唐代的卢藏用,唐高宗时就当隐士,但却隐居在靠近京师长安的终南山,后来因为唐高宗常临东都洛阳,便又在靠近洛阳的少室山找一隐居处。天子车驾往返于两京,卢藏用也随之来往终南、少室二山。如此的一位"随驾隐士",其司马昭之心,路人皆知。武则天执政,他终得被征,出山做官。当时著名的道士司马承祯,是卢藏用一同隐居的朋友。好朋友之间不妨说得彻底,卢藏用指着终南山对司马承祯说:山中真是好地方！司马承祯答：要我看，那是走向仕途的捷径啊！（刘肃《大唐新语·隐逸》："藏用指终南山，谓之曰：'此中大有佳处，何必在远。'承祯徐答曰：'以仆所观，乃仕宦捷径耳。'"）

贬意之外，对这样走"终南捷径"的假隐士，庄子还是宽贷的：如果假隐士们实在不能克制自己的世俗欲望，那就顺从算了；如果一定要勉强克制的话，便是受二次伤；受二次伤，活不久的。（"不能自胜则从。""不能自胜而强不从者，此之谓重伤；重伤之人，无寿类矣！"）在庄子看来，无论如何，保全生命始终处于首位。

翻云覆雨

好面誉人者，亦好背而毁之。

（《盗跖》）

译文：
　　喜欢当面称赞别人的人，也就喜欢在背后诋毁别人。

当面赞誉,在过去是令人尴尬的事,因为传统是讲究谦逊的。如果一个人敢于当面大肆叫好,总值得疑虑。

《庄子》的《天地》篇有言曰:"孝子不谀其亲,忠臣不谀其君,臣、子之盛也。亲之所言而然,所行而善,则世俗谓之不肖子;君之所言而然,所行而善,则世俗谓之不肖臣。"大意是讲:如果真是孝子、忠臣,那么不该谄媚父亲、君王,如果对君、父的所作所为一概肯定,那就是不肖之子、不肖之臣。他们的奉承、谄媚,都不是出自真诚,常常是出于自己利益的考虑,而不是真正为君父谋划,虽曰誉之,适足毁之。

不仅当面称誉其心可疑,而且既然可以不合常规地当面称誉,也有很大的可能会背后诋毁,无论称誉还是诋毁,反正都不是出自真意,而是视利益需要而定的。既然可以翻掌成云,自然也可以覆手为雨。这对面谀而背毁的人没有任何障碍,无论是实际的还是心理的。庄子对人情的通透了解,于此可见。

一周一乐

人上寿百岁，中寿八十，下寿六十，除病瘦死丧忧患，其中开口而笑者，一月之中不过四五日而已矣。

(《盗跖》)

注释：

瘦：当为"瘠"字之误。瘦，病。病瘦、死丧、忧患，都是同义词连用。

译文：

人的寿命长的到一百岁，中等的到八十岁，短的到六十岁。在这一生当中，除掉生病、遭遇死亡和忧患的日子，能够开口欢笑的，一个月里面不过只有四五天而已。

庄子对人生基本持悲观的看法。有无数的事要操劳,无数的责任要尽,无数的压力要承受,无数的困难要面对;你要生病,你要受伤,你要送丧,你要费神,不一而足。人们往往期望好的状态,期望愉悦的心情,于是排除那些不顺心的时日,然而,排除了之后,真相是:高兴的时候实在不多,"开口而笑者,一月之中不过四五日",算起来,就是一星期一天吧。

庄子的论断倒是很有先见之明,现代社会大约也就每周的休息日属于自己,那时候比较容易自我满足,比较容易感到快活啊。

恬然的快乐

天与地无穷，人死者有时。操有时之具，而托于无穷之间，忽然无异骐骥之驰过隙也。不能说其志意、养其寿命者，皆非通道者也。

(《盗跖》)

注释：

操有时之具：秉持着时日有限的形体。

骐骥：千里马。

说：通"悦"，愉悦。

译文：

天与地无穷无尽，人的死亡来临却是有一定期限的。以这时日有限的形体，寄托在无穷的天地之间，不过瞬息生灭，就如同骐骥奔驰，越过窄小的缝隙一样迅速。但凡不能做到称心快意，保养寿命的，都不是通达大道的人。

生命有限,瞬息而过。骐骥过隙这个意象,在庄子中也是屡见不鲜的,《知北游》中亦有"人生天地之间,若白驹之过隙,忽然而已"之语。

面对这个事实,我们该如何把握自己的一生。从总体上说,庄子主张平静地度过自然的一生,不过,在这个过程中,也应该尽量称心快意,何必委屈自己呢?

不过,这里有一个分寸,庄子并不是在主张及时行乐。及时行乐,因为知道一切都会过去,所以竭力抓住眼前可能的快乐,有一种绝望的表情,有一点颓废的气味,还有一点嚣张的派头。庄子的快乐是安静的,是恬然的,是濠梁之上观鱼,而物我同一畅怀。

悦其心志,是滋养生命,而不是放纵生命。

隐形灭影

人有畏影恶迹而去之走者,举足愈数而迹愈多,走愈疾而影不离身。自以为尚迟,疾走不休,绝力而死。不知处阴以休影,处静以息迹,愚亦甚矣!

(《渔父》)

注释:

迹:脚印。

数:多。

迟:慢。

译文:

有个人害怕自己的影子,厌恶自己的足迹,想要抛弃它们逃开。他越是抬脚奔走,足迹就越多;跑得越快,影子却不肯离身。他以为是自己跑得还太慢,于是拼命地奔跑不休,最终筋疲力尽而死。这人竟不知道走到阴凉的地方就能使影子消失,安静地停止就能使足迹消失,也大愚蠢了!

庄子是一个敏感的人，敏感的人对光影一定会痴迷。庄子多次谈及形与影的关系，比如《齐物论》最后庄生梦蝶一节的前面，就有关于影子的一番对话。影子说，我也不知道为什么总是依傍而行。

此处逃影的情节似乎更有意趣。影随形动，形影不离，要消除痕迹，只有从根源处着手，那就是"处阴以休影"，自我不那么显耀，影迹自然也就消逝。移说现世，即应虚己而游。

《山木》篇有一段，说行船水上，如果有条空船漂过来，撞在船上，即使是性情急躁的人也不会对着空船发怒；但如果有一个人在船上，原来船上的人就会张口呼喊，喊一声听不到，喊两声也听不到，喊第三声时就一定会忍不住口出恶言了。从不发怒到发怒，就是因为当初船上无人，现在船上则有人了。人如能虚己而遨游于世，谁还能对他造成伤害呢？（"方舟而济于河，有虚船来触舟，虽有偏（biǎn）心之人不怒。有一人在其上，则呼张歙之。一呼而不闻，再呼而不闻，于是三呼邪，则必以恶声随之。向也不怒而今也怒，向也虚而今也实。人能虚己以游世，其孰能害之！"）

虚己，就不奔竞于外；虚己，就不徒耗形神；虚己，就合体于自然大道。

真情不在形式

真者,精诚之至也。不精不诚,不能动人。故强哭者,虽悲不哀;强怒者,虽严不威;强亲者,虽笑不和。真悲无声而哀,真怒未发而威,真亲未笑而和。

(《渔父》)

译文:

所谓真,就是精心诚意的极致。不精心诚意,就不能打动人。所以勉强哭泣的人,虽然悲伤却并不哀痛;勉强发怒的人,虽然严厉却没有威势;勉强表示亲切的人,虽然笑脸相迎却并不和气。真正的悲痛,就算没有哭声,也是哀伤的;真正的发怒,还没有发作就已经威势逼人;真正的亲切,还没有笑就已经让人感到和气了。

道家非常基本的一个祈向，就是"真"。某种程度上与儒家所着力突出的"善"，可以相互对照。

所谓"真"，就是本真，就是保守原初的情态，不扭曲，不造作，一任率真。这里所列举的"强"，就是"勉强"，正是委屈虚假的表现，所以那都是不能动人的。发自真情的喜怒哀乐，并不一定在意外在表现的形式。你能说那些专职为人哭丧的人，其嚎哭声证明他们比丧主更悲痛？

不重外在形式，关键在内心的实质。《庄子》下面还提到：饮酒以快乐为关键，居丧以哀伤为关键。（"饮酒以乐为主，居丧以哀为主。"）故而饮酒意在追求快乐，所以不必讲究酒具如何；居丧以悲哀为要，所以不必讲究礼法。（"饮酒以乐，不选其具矣；处丧以哀，无问其礼矣。"）

竹林七贤之一的阮籍，可谓实践"真"的典型。阮籍父亲早死，他对母亲极孝顺，母亲去世时，他正与别人下棋，对方表示不要再下了，阮籍却不答应。后来饮酒两斗，大叫一声,吐血几升。到母亲要下葬时,阮籍吃了蒸乳猪,又喝了两斗酒,而后去与母亲作最后的诀别,大声一叫,又吐血几升,形销骨立,几乎没命。(《晋书·阮籍传》:"性至孝,母终,正与人围棋,对者求止,籍留与决赌。既而饮酒二斗,举声一号,吐血数升。及将葬,食一蒸肫(tún),饮二斗酒,然后临诀,直言穷矣,举声一号,因又吐血数升,毁瘠骨立,殆致灭性。")

阮籍看起来真是不守礼法,母亲死了继续下棋,又吃肉饮酒;但他的感情无疑是最真的,他的哀伤不是表现在遵从世间丧礼方面,而以形销骨立的外貌变化,透露出最强度的伤心绝望,实践了《庄子》所谓居丧的核心意义。

不如不葬

　　吾以天地为棺椁，以日月为连璧，星辰为珠玑，万物为赍送。吾葬具岂不备邪？

（《列御寇》）

注释：

　　椁：套在棺木外的外棺。

　　赍(jī)送：赠送之物。这里指陪葬品。

译文：

　　我把天地当作棺材，把日月当作双璧，把星辰当作珠玉，把万物当作陪葬。我的葬礼器具还不够完备的吗？

庄子对于生死问题,在理念上有清楚的认识。不过,观念与实践毕竟是两回事,多少人想得到,做不到。庄子"鼓盆而歌",可以算是生活中的一次实践。然而,关涉别人(即使这人是与自己生活半生的太太)与关涉自己毕竟还是不同,多少人是旁观时清,当局时迷。

庄子面对自己的最后归宿,表现出来的忠于自己理念的清醒态度,真正让人信服。他拒绝了弟子们要厚葬他的计划,说出上面这番于他极自然,于别人却惊心的话。随后的对答更坦白,也更惊心动魄。弟子说:这样的话,我们怕乌鸦、老鹰来吃您啊。庄子答:地上为乌鸦、老鹰吃,地下被蝼蛄、蚂蚁啃,夺那边的食物给这边,多么偏心啊!(弟子曰:"吾恐乌鸢之食夫子也。"庄子曰:"在上为乌鸢食,在下为蝼蚁食,夺彼与此,何其偏也!")

庄子的态度出乎常情,但这确实是彻底实践其生死观念的自然结果。况且,从实际的经验来看,庄子也是聪明的。厚葬

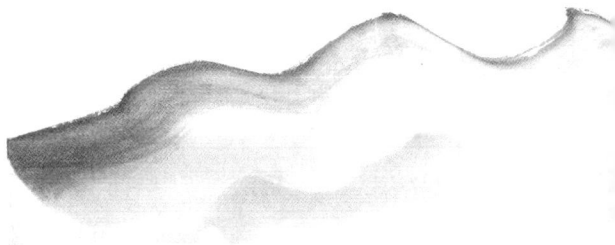

没有好结果,历来多有论者。《吕氏春秋》有《安死》一篇,说如果在石上铭刻,昭告世人这下面有许多珍宝,一定会被人笑话,而厚葬与此不是一回事吗?("自古及今,未有不亡之国也;无不亡之国者,是无不抇(hú)之墓也。")那么薄葬如何呢?宋代张耆和晏殊遗言不同,张厚葬而晏薄葬。后来盗墓贼在张墓中所获甚多,还没迫近棺椁,已经拿不下了,于是退走;晏殊墓中只有瓦器数十具,盗贼花了大气力,却得不偿劳,恼羞成怒,用斧头敲碎了这位大词人的遗骨。(邵博《邵氏闻见后录》)

厚葬不行,薄葬也有此不虞之祸,那还不如就不葬!

索　引

＊按首字拼音排序

A

哀莫大于心死，而人死亦次之。(《田子方》)/190

安时而处顺，哀乐不能入也。(《养生主》)/058

B

北冥有鱼，其名为鲲。鲲之大，不知其几千里也。化而为鸟，其名为鹏。鹏之背，不知其几千里也。怒而飞，其翼若垂天之云。是鸟也，海运则将徙于南冥。南冥者，天池也。《齐谐》者，志怪者也。《谐》之言曰："鹏之徙于南冥也，水击三千里，抟扶摇而上者九万里，去以六月息者也。"(《逍遥游》)/002

彼亦一是非，此亦一是非。(《齐物论》)/032

C

处乎材与不材之间。(《山木》)/174

D

大知闲闲，小知间间。大言炎炎，小言詹詹。(《齐物论》)/020

道行之而成，物谓之而然。(《齐物论》)/034

道隐于小成，言隐于荣华。(《齐物论》)/026

德有所长，而形有所忘。人不忘其所忘，而忘其所不忘，此谓诚忘。(《德充符》)/086

F

方其梦也，不知其梦也。梦之中又占其梦焉，觉而后知其梦也。且有大觉，而后知此其大梦也。(《齐物论》)/046

G

古之所谓得志者，非轩冕之谓也，谓其无以益其乐而已矣。今之所谓得志者，轩冕之谓也。轩冕在身，非性命也，物之傥来，寄也。(《缮性》)/124

古之至人，先存诸己而后存诸人。(《人间世》)/060

瞽者无以与乎文章之观，聋者无以与乎钟鼓之声。岂唯形骸有聋盲哉？夫知亦有之。(《逍遥游》)/018

观于浊水而迷于清渊。(《山木》)/184

H

好面誉人者,亦好背而毁之。(《盗跖》)/216

惠子相梁,庄子往见之。或谓惠子曰:"庄子来,欲代子相。"于是惠子恐,搜于国中三日三夜。庄子往见之,曰:"南方有鸟,其名为鹓鹐,子知之乎? 夫鹓鹐发于南海而飞于北海,非梧桐不止,非练实不食,非醴泉不饮。于是鸱得腐鼠,鹓鹐过之,仰而视之曰:'吓!'今子欲以子之梁国而吓我邪?"(《秋水》)/152

J

鉴明则尘垢不止,止则不明也。久与贤人处则无过。(《德充符》)/084

鹪鹩巢于深林,不过一枝;偃鼠饮河,不过满腹。(《逍遥游》)/012

精粗者,期于有形者也;无形者,数之所不能分也;不可围者,数之所不能穷也。可以言论者,物之粗也;可以意致者,物之精也;言之所不能论,意之所不能察致者,不期精粗焉。(《秋水》)/132

井蛙不可以语于海者,拘于虚也;夏虫不可以语于冰者,笃于时也;曲士不可以语于道者,束于教也。(《秋水》)/128

狙公赋芧,曰:"朝三而暮四。"众狙皆怒。曰:"然则朝四

而暮三。"众狙皆悦。(《齐物论》)/036

举世而誉之而不加劝,举世而非之而不加沮,定乎内外之分,辩乎荣辱之境。(《逍遥游》)/010

绝迹易,无行地难。(《人间世》)/066

君其涉于江而浮于海,望之而不见其崖,愈往而不知其所穷。送君者皆自崖而反。君自此远矣!(《山木》)/176

君之所读者,古人之糟魄也夫!(《天道》)/114

君子不得已而临莅天下,莫若无为。(《在宥》)/108

君子之交淡若水,小人之交甘若醴。(《山木》)/182

L

梁丽可以冲城而不可以窒穴,言殊器也;骐骥骅骝一日而驰千里,捕鼠不如狸狌,言殊技也;鸱鸺夜撮蚤,察毫末,昼出瞋目而不见丘山,言殊性也。(《秋水》)/138

M

毛嫱丽姬,人之所美也;鱼见之深入,鸟见之高飞,麋鹿见之决骤。(《齐物论》)/044

N

南海之帝为倏,北海之帝为忽,中央之帝为浑沌。倏与忽时相与遇于浑沌之地,浑沌待之甚善。倏与忽谋报浑沌之德,

曰:"人皆有七窍以视听食息,此独无有,尝试凿之。"日凿一窍,七日而浑沌死。(《应帝王》)/092

P

庖人虽不治庖,尸祝不越樽俎而代之矣。(《逍遥游》)/014
朴素而天下莫能与之争美。(《天道》)/112

Q

其耆欲深者,其天机浅。(《大宗师》)/088
其作始也简,其将毕也必巨。(《人间世》)/072
窃钩者诛,窃国者为诸侯,诸侯之门而仁义存焉。(《胠箧》)/106
荃者所以在鱼,得鱼而忘荃;蹄者所以在兔,得兔而忘蹄;言者所以在意,得意而忘言。(《外物》)/204
泉涸,鱼相与处于陆,相呴以湿,相濡以沫,不如相忘于江湖。(《大宗师》)/090

R

人莫鉴于流水而鉴于止水。(《德充符》)/082
人上寿百岁,中寿八十,下寿六十,除病瘦死丧忧患,其中开口而笑者,一月之中不过四五日而已矣。(《盗跖》)/218
人有畏影恶迹而去之走者,举足愈数而迹愈多,走愈疾而

影不离身。自以为尚迟,疾走不休,绝力而死。不知处阴以休影,处静以息迹,愚亦甚矣!(《渔父》)/222

S

丧己于物,失性于俗者,谓之倒置之民。(《缮性》)/126

山林与,皋壤与,使我欣欣然而乐与!乐未毕也,哀又继之。哀乐之来,吾不能御,其去弗能止。悲夫,世人直为物逆旅耳!(《知北游》)/194

山木,自寇也;膏火,自煎也。桂可食,故伐之;漆可用,故割之。人皆知有用之用,而莫知无用之用也。(《人间世》)/076

善人不得圣人之道不立,跖不得圣人之道不行。天下之善人少而不善人多,则圣人之利天下也少而害天下也多。(《胠箧》)/102

身在江海之上,心居乎魏阙之下。(《让王》)/212

水行莫如用舟,而陆行莫如用车。以舟之可行于水也,而求推之于陆,则没世不行寻常。(《天运》)/120

水之积也不厚,则其负大舟也无力。覆杯水于坳堂之上,则芥为之舟。置杯焉则胶,水浅而舟大也。(《逍遥游》)/006

T

天地有大美而不言,四时有明法而不议,万物有成理而不说。(《知北游》)/192

天地与我并生，而万物与我为一。(《齐物论》)/042

天下尽殉也：彼其所殉仁义也，则俗谓之君子；其所殉货财也，则俗谓之小人。其殉一也，则有君子焉，有小人焉。(《骈拇》)/098

天下莫大于秋豪之末，而太山为小；莫寿乎殇子，而彭祖为夭。(《齐物论》)/038

天与地无穷，人死者有时。操有时之具，而托于无穷之间，忽然无异骐骥之驰过隙也。不能说其志意、养其寿命者，皆非通道者也。(《盗跖》)/220

W

为人使易以伪，为天使难以伪。(《人间世》)/068

为善无近名，为恶无近刑。(《养生主》)/054

无听之以耳，而听之以心。(《人间世》)/062

无以人灭天，无以故灭命，无以得殉名。(《秋水》)/144

吾生也有涯，而知也无涯。以有涯随无涯，殆已！(《养生主》)/052

吾以天地为棺椁，以日月为连璧，星辰为珠玑，万物为赍送。吾葬具岂不备邪？(《列御寇》)/228

物无非彼，物无非是。自彼则不见，自知则知之。(《齐物论》)/030

X

西施病心而矉其里，其里之丑人见之而美之，归亦捧心而矉。其里之富人见之，坚闭门而不出；贫人见之，挈妻子而去之走。彼知矉美而不知矉之所以美。(《天运》)/118

昔者庄周梦为胡蝶，栩栩然胡蝶也，自喻适志与！不知周也。俄然觉，则蘧蘧然周也。不知周之梦为胡蝶与，胡蝶之梦为周与？周与胡蝶，则必有分矣。此之谓物化。(《齐物论》)/050

小惑易方，大惑易性。(《骈拇》)/094

小人则以身殉利；士则以身殉名；大夫则以身殉家；圣人则以身殉天下。故此数子者，事业不同，名声异号，其于伤性以身为殉，一也。(《骈拇》)/096

形劳而不休则弊，精用而不已则劳，劳则竭。(《刻意》)/122

Y

养形必先之以物，物有余而形不养者有之矣。有生必先无离形，形不离而生亡者有之矣。(《达生》)/164

一受其成形，不亡以待尽。与物相刃相靡，其行尽如驰而莫之能止，不亦悲乎！终身役役而不见其成功，苶然疲役而不知其所归，可不哀邪！(《齐物论》)/024

以道观之，物无贵贱；以物观之，自贵而相贱。(《秋水》)/136

以利合者，迫穷祸患害相弃也；以天属者，迫穷祸患害相收也。(《山木》)/178

以随侯之珠弹千仞之雀，世必笑之。是何也？则其所用者重而所要者轻也。(《让王》)/210

以瓦注者巧，以钩注者惮，以黄金注者殙。其巧一也，而有所矜，则重外也。凡外重者内拙。(《达生》)/172

以贤临人，未有得人者也；以贤下人，未有不得人者也。(《徐无鬼》)/200

意有所至而爱有所亡。(《人间世》)/074

有机械者必有机事，有机事者必有机心。(《天地》)/110

寓言十九，藉外论之。亲父不为其子媒。亲父誉之，不若非其父者也。非吾罪也，人之罪也。与己同则应，不与己同则反。同于己为是之，异于己为非之。(《寓言》)/206

Z

朝菌不知晦朔，蟪蛄不知春秋。(《逍遥游》)/008

朝受命而夕饮冰。(《人间世》)/070

真者，精诚之至也。不精不诚，不能动人。故强哭者，虽悲不哀；强怒者，虽严不威；强亲者，虽笑不和。真悲无声而哀，真怒未发而威，真亲未笑而和。(《渔父》)/224

知道者必达于理，达于理者必明于权，明于权者不以物害己。(《秋水》)／142

知无用而始可与言用矣。夫地非不广且大也，人之所用容足耳，然则厕足而垫之致黄泉，人尚有用乎?(《外物》)／202

知止乎其所不能知，至矣!(《庚桑楚》)／198

跖之徒问于跖曰:"盗亦有道乎?"跖曰:"何适而无有道邪?夫妄意室中之藏，圣也;入先，勇也;出后，义也;知可否，知也;分均，仁也。五者不备而能成大盗者，天下未之有也。"(《胠箧》)／100

中国之君子，明乎礼义而陋于知人心。(《田子方》)／186

仲尼适楚，出于林中，见佝偻者承蜩，犹掇之也。仲尼曰:"子巧乎，有道邪?"曰:"我有道也。五六月累丸二而不坠，则失者锱铢;累三而不坠，则失者十一;累五而不坠，犹掇之也。吾处身也，若厥株拘;吾执臂也，若槁木之枝。虽天地之大，万物之多，而唯蜩翼之知。吾不反不侧，不以万物易蜩之翼，何为而不得!"孔子顾谓弟子曰:"用志不分，乃凝于神。其佝偻丈人之谓乎!"(《达生》)／168

庄子钓于濮水。楚王使大夫二人往先焉，曰:"愿以境内累矣!"庄子持竿不顾，曰:"吾闻楚有神龟，死已三千岁矣。王巾笥而藏之庙堂之上。此龟者，宁其死为留骨而贵乎?宁其生而曳尾于涂中乎?"二大夫曰:"宁生而曳尾涂中。"庄子曰:"往矣!吾将曳尾于涂中。"(《秋水》)／148

庄子妻死,惠子吊之,庄子则方箕踞鼓盆而歌。惠子曰:"与人居,长子老身,死不哭亦足矣,又鼓盆而歌,不亦甚乎!"庄子曰:"不然。是其始死也,我独何能无概然!察其始而本无生;非徒无生也,而本无形;非徒无形也,而本无气。杂乎芒芴之间,变而有气,气变而有形,形变而有生。今又变而之死。是相与为春秋冬夏四时行也。人且偃然寝于巨室,而我噭噭然随而哭之,自以为不通乎命,故止也。"(《至乐》)/160

庄子与惠子游于濠梁之上。庄子曰:"鲦鱼出游从容,是鱼之乐也。"惠子曰:"子非鱼,安知鱼之乐?"庄子曰:"子非我,安知我不知鱼之乐?"惠子曰:"我非子,固不知子矣;子固非鱼也,子之不知鱼之乐,全矣!"庄子曰:"请循其本。子曰'汝安知鱼乐'云者,既已知吾知之而问我。我知之濠上也。"(《秋水》)/156

自其异者视之,肝胆楚越也;自其同者视之,万物皆一也。(《德充符》)/080

醉者之坠车,虽疾不死。骨节与人同而犯害与人异,其神全也。乘亦不知也,坠亦不知也,死生惊惧不入乎其胸中,是故遻物而不慴。(《达生》)/166

大知闲闲,小知间间。大言炎炎,小言詹詹。(《齐物论》)/020

一受其成形,不亡以待尽。与物相刃相靡,其行尽如驰而莫之能止,不亦悲乎!终身役役而不见其成功,苶然疲役而不知其所归,可不哀邪!(《齐物论》)/024

道隐于小成,言隐于荣华。(《齐物论》)/026

物无非彼,物无非是。自彼则不见,自知则知之。(《齐物论》)/030

彼亦一是非,此亦一是非。(《齐物论》)/032

道行之而成,物谓之而然。(《齐物论》)/034

狙公赋芧,曰:"朝三而暮四。"众狙皆怒。曰:"然则朝四而暮三。"众狙皆悦。(《齐物论》)/036

天下莫大于秋豪之末,而太山为小;莫寿乎殇子,而彭祖为夭。(《齐物论》)/038

天地与我并生,而万物与我为一。(《齐物论》)/042

毛嫱丽姬,人之所美也;鱼见之深入,鸟见之高飞,麋鹿见之决骤。(《齐物论》)/044

方其梦也,不知其梦也。梦之中又占其梦焉,觉而后知其梦也。且有大觉,而后知此其大梦也。(《齐物论》)/046

昔者庄周梦为胡蝶,栩栩然胡蝶也,自喻适志与!不知周也。俄然觉,则蘧蘧然周也。不知周之梦为胡蝶与,胡蝶之梦为周与?周与胡蝶,则必有分矣。此之谓物化。(《齐物

泉涸,鱼相与处于陆,相呴以湿,相濡以沫,不如相忘于江湖。(《大宗师》)/090

南海之帝为倏,北海之帝为忽,中央之帝为浑沌。倏与忽时相与遇于浑沌之地,浑沌待之甚善。倏与忽谋报浑沌之德,曰:"人皆有七窍以视听食息,此独无有,尝试凿之。"日凿一窍,七日而浑沌死。(《应帝王》)/092

小惑易方,大惑易性。(《骈拇》)/094

小人则以身殉利;士则以身殉名;大夫则以身殉家;圣人则以身殉天下。故此数子者,事业不同,名声异号,其于伤性以身为殉,一也。(《骈拇》)/096

天下尽殉也:彼其所殉仁义也,则俗谓之君子;其所殉货财也,则俗谓之小人。其殉一也,则有君子焉,有小人焉。(《骈拇》)/098

跖之徒问于跖曰:"盗亦有道乎?"跖曰:"何适而无有道邪?夫妄意室中之藏,圣也;入先,勇也;出后,义也;知可否,知也;分均,仁也。五者不备而能成大盗者,天下未之有也。"(《胠箧》)/100

善人不得圣人之道不立,跖不得圣人之道不行。天下之善人少而不善人多,则圣人之利天下也少而害天下也多。(《胠箧》)/102

窃钩者诛,窃国者为诸侯,诸侯之门而仁义存焉。(《胠箧》)/106

君子不得已而临莅天下，莫若无为。(《在宥》)/108

有机械者必有机事，有机事者必有机心。(《天地》)/110

朴素而天下莫能与之争美。(《天道》)/112

君之所读者，古人之糟魄也夫！(《天道》)/114

西施病心而颦其里，其里之丑人见之而美之，归亦捧心而颦。其里之富人见之，坚闭门而不出；贫人见之，挈妻子而去之走。彼知颦美而不知颦之所以美。(《天运》)/118

水行莫如用舟，而陆行莫如用车。以舟之可行于水也，而求推之于陆，则没世不行寻常。(《天运》)/120

形劳而不休则弊，精用而不已则劳，劳则竭。(《刻意》)/122

古之所谓得志者，非轩冕之谓也，谓其无以益其乐而已矣。今之所谓得志者，轩冕之谓也。轩冕在身，非性命也，物之傥来，寄也。(《缮性》)/124

丧己于物，失性于俗者，谓之倒置之民。(《缮性》)/126

井蛙不可以语于海者，拘于虚也；夏虫不可以语于冰者，笃于时也；曲士不可以语于道者，束于教也。(《秋水》)/128

精粗者，期于有形者也；无形者，数之所不能分也；不可围者，数之所不能穷也。可以言论者，物之粗也；可以意致者，物之精也；言之所不能论，意之所不能察致者，不期精粗焉。(《秋水》)/132

以道观之，物无贵贱；以物观之，自贵而相贱。(《秋

水》)/136

梁丽可以冲城而不可以窒穴，言殊器也；骐骥骅骝一日而驰千里，捕鼠不如狸狌，言殊技也；鸱鸺夜撮蚤，察毫末，昼出瞋目而不见丘山，言殊性也。(《秋水》)/138

知道者必达于理，达于理者必明于权，明于权者不以物害己。(《秋水》)/142

无以人灭天，无以故灭命，无以得殉名。(《秋水》)/144

庄子钓于濮水。楚王使大夫二人往先焉，曰："愿以境内累矣！"庄子持竿不顾，曰："吾闻楚有神龟，死已三千岁矣。王巾笥而藏之庙堂之上。此龟者，宁其死为留骨而贵乎？宁其生而曳尾于涂中乎？"二大夫曰："宁生而曳尾涂中。"庄子曰："往矣！吾将曳尾于涂中。"(《秋水》)/148

惠子相梁，庄子往见之。或谓惠子曰："庄子来，欲代子相。"于是惠子恐，搜于国中三日三夜。庄子往见之，曰："南方有鸟，其名为鹓鶵，子知之乎？夫鹓鶵发于南海而飞于北海，非梧桐不止，非练实不食，非醴泉不饮。于是鸱得腐鼠，鹓鶵过之，仰而视之曰：'吓！'今子欲以子之梁国而吓我邪？"(《秋水》)/152

庄子与惠子游于濠梁之上。庄子曰："儵鱼出游从容，是鱼之乐也。"惠子曰："子非鱼，安知鱼之乐？"庄子曰："子非我，安知我不知鱼之乐？"惠子曰："我非子，固不知子矣；子固非鱼也，子之不知鱼之乐，全矣！"庄子曰："请循其本。子曰

'汝安知鱼乐'云者,既已知吾知之而问我。我知之濠上也。"
(《秋水》)/156

　　庄子妻死,惠子吊之,庄子则方箕踞鼓盆而歌。惠子曰:
"与人居,长子老身,死不哭亦足矣,又鼓盆而歌,不亦甚乎!"
庄子曰:"不然。是其始死也,我独何能无概然!察其始而本
无生;非徒无生也,而本无形;非徒无形也,而本无气。杂乎芒
芴之间,变而有气,气变而有形,形变而有生。今又变而之死。
是相与为春秋冬夏四时行也。人且偃然寝于巨室,而我嗷嗷
然随而哭之,自以为不通乎命,故止也。"(《至乐》)/160

　　养形必先之以物,物有余而形不养者有之矣。有生必先
无离形,形不离而生亡者有之矣。(《达生》)/164

　　醉者之坠车,虽疾不死。骨节与人同而犯害与人异,其神
全也。乘亦不知也,坠亦不知也,死生惊惧不入乎其胸中,是
故遻物而不慴。(《达生》)/166

　　仲尼适楚,出于林中,见佝偻者承蜩,犹掇之也。仲尼曰:
"子巧乎,有道邪?"曰:"我有道也。五六月累丸二而不坠,则
失者锱铢;累三而不坠,则失者十一;累五而不坠,犹掇之也。
吾处身也,若厥株拘;吾执臂也,若槁木之枝。虽天地之大,万
物之多,而唯蜩翼之知。吾不反不侧,不以万物易蜩之翼,何
为而不得!"孔子顾谓弟子曰:"用志不分,乃凝于神。其佝偻
丈人之谓乎!"(《达生》)/168

　　以瓦注者巧,以钩注者惮,以黄金注者殙。其巧一也,而

有所矜，则重外也。(《达生》)／172

处乎材与不材之间。(《山木》)／174

君其涉于江而浮于海，望之而不见其崖，愈往而不知其所穷。送君者皆自崖而反。君自此远矣！(《山木》)／176

以利合者，迫穷祸患害相弃也；以天属者，迫穷祸患害相收也。(《山木》)／178

君子之交淡若水，小人之交甘若醴。(《山木》)／182

观于浊水而迷于清渊。(《山木》)／184

中国之君子，明乎礼义而陋于知人心。(《田子方》)／186

哀莫大于心死，而人死亦次之。(《田子方》)／190

天地有大美而不言，四时有明法而不议，万物有成理而不说。(《知北游》)／192

山林与，皋壤与，使我欣欣然而乐与！乐未毕也，哀又继之。哀乐之来，吾不能御，其去弗能止。悲夫，世人直为物逆旅耳！(《知北游》)／194

知止乎其所不能知，至矣！(《庚桑楚》)／198

以贤临人，未有得人者也；以贤下人，未有不得人者也。(《徐无鬼》)／200

知无用而始可与言用矣。夫地非不广且大也，人之所用容足耳，然则厕足而垫之致黄泉，人尚有用乎？(《外物》)／202

荃者所以在鱼，得鱼而忘荃；蹄者所以在兔，得兔而忘蹄；言者所以在意，得意而忘言。(《外物》)／204

寓言十九,藉外论之。亲父不为其子媒。亲父誉之,不若非其父者也。非吾罪也,人之罪也。与己同则应,不与己同则反。同于己为是之,异于己为非之。(《寓言》)/206

以随侯之珠弹千仞之雀,世必笑之。是何也?则其所用者重而所要者轻也。(《让王》)/210

身在江海之上,心居乎魏阙之下。(《让王》)/212

好面誉人者,亦好背而毁之。(《盗跖》)/216

人上寿百岁,中寿八十,下寿六十,除病瘦死丧忧患,其中开口而笑者,一月之中不过四五日而已矣。(《盗跖》)/218

天与地无穷,人死者有时。操有时之具,而托于无穷之间,忽然无异骐骥之驰过隙也。不能说其志意、养其寿命者,皆非通道者也。(《盗跖》)/220

人有畏影恶迹而去之走者,举足愈数而迹愈多,走愈疾而影不离身。自以为尚迟,疾走不休,绝力而死。不知处阴以休影,处静以息迹,愚亦甚矣!(《渔父》)/222

真者,精诚之至也。不精不诚,不能动人。故强哭者,虽悲不哀;强怒者,虽严不威;强亲者,虽笑不和。真悲无声而哀,真怒未发而威,真亲未笑而和。(《渔父》)/224

吾以天地为棺椁,以日月为连璧,星辰为珠玑,万物为赍送。吾葬具岂不备邪?(《列御寇》)/228

后 记

中国文化传统之中,儒、道、佛三家影响最为深远;而儒与道产生在先秦时代,是本土固有的,可以说更为根本。

儒家自孔子以下,更多关怀的是人间社会,是春秋、战国开始的理性去魅的时代精神的反映;道家的视野似乎更广阔,宇宙天道、世间秩序、个体身心,无所不及。

如今通常所谓的"道家",有老、庄两位先哲,他们的思想很大程度上呈现在《老子》《庄子》这两部经典中。《老子》如同《论语》,篇章缀合,节节为之,满眼格言警句,如掇拾不尽的珠玑。所以,读起来真是开卷有益,随便提起一章,都可诵记受益。其中所蕴含的精粹,我甚至觉得是"集体智慧的结晶":且不举学界的诸多追溯考索,《老子》本身即曾自道出处,八十一章本的第二十二章谈到"曲则全,枉则直;洼则盈,敝则新;少则得,多则惑",最后就明确说"古之所谓'曲则全'者,岂虚言哉",这"古之所谓"正交代了其言说的渊源有自;再考虑到《老子》里边有许许多多句式整齐、合辙押韵的语句,而在古典传统之中韵文往往代表着更为久远而持续的文本来源,那就有理由想象《老子》这部书中回响着太多的前贤的声音。

与《老子》文辞的精悍、警辟不同,庄子固然也有数不胜数的智慧、敏锐、隽永的语句,但整体的文章风格是漫衍恣肆、卷舒自如的,更兼《庄子》现存文本的字数是《老子》的十倍以上,三十三篇的多数篇幅颇长,又高头讲章与寓言譬喻交缠,真能读下来且读通顺了,并不容易。因此,如何进入或许是一个问题。

我个人以为,经典阅读不是一次性的,真正的经典是能让人常读常新的。既然如此,对于一时难以接近的文本,不妨由浅而深,由片段而整体——盲人摸象,虽然不能把握象的全貌,但那毕竟是实实在在的大象的躯体啊;"七宝楼台碎拆下来不成片段",但碎拆下来的终究都是珠宝。

所以,读《庄子》不妨从其中随处可见、目不暇接的成语着手,也可以专门从充满想象和妙趣的寓言故事开始,积微储宝,渐入佳境。

这本《庄子百句》则从名言隽语窥入,择其富有启示意义者——至少对我本人如此——略为阐说、发挥,辅以简要的注、译。希望开卷者随手翻阅,皆能读得开心、读出意趣。

书中选取及解说中涉及的《庄子》文句过百,覆盖全书绝大多数篇目,一方面可以说不少了,但另一方面又可以说远远不够。读者诸君若能亲入宝山,见我所见的风景,更在此外发现打动自己的《庄子》的精彩之处,则善莫大焉。

陈引驰

2023 年 9 月 1 日